CULTURE SMART

文化之旅丛书

# 这就是
# 德国

[英]巴里·托马林 著

邢延动 译

商务印书馆国际有限公司

**图书在版编目（CIP）数据**

这就是德国 /（英）托马林著；邢延动译. — 北京：商务印书馆国际有限公司，2015.10

ISBN 978-7-5176-0186-9

Ⅰ. ①这… Ⅱ. ①托… ②邢… Ⅲ. ①德国—概况 Ⅳ. ①G151.6

中国版本图书馆CIP数据核字（2015）第245349号



**这就是德国**

作　　者　［英］巴里 · 托马林

译　　者　邢延动

出版发行　商务印书馆国际有限公司

（地址 北京市东城区史家胡同甲 24 号　邮编 100010）

（总编室电话 010－65592876　市场营销部电话 010－65598498）

网　　址　www.cpi1993.com

经　　销　全国新华书店

印　　刷　北京盛兰兄弟印刷装订有限公司

开　　本　880mm × 1230mm　1/32

印　　张　5.125

字　　数　102 千字

版　　次　2016 年 1 月第 1 版第 1 次印刷

书　　号　ISBN 978-7-5176-0186-9

定　　价　19.80 元

# 版权声明

封面图片：德国巴伐利亚州上阿玛高镇格奥尔格·朗住宅，传统房屋外墙绘画——“吕夫特尔壁画”，© Alamy。

以下各页图片转载自创作共享署名份额4.0国际许可证：第117页 © Marketing-Simacek。

以下各页图片转载自创作共享署名份额3.0Unported许可证：第2页 © Ignaz Wiradi; 第3页 © Kora 27; 第4页 ©（菲利克斯·凯尼格）金; 第16页 ©（加利福尼亚州旧金山）摄影师苏·里姆; 第19页 (上图) © dontworry; 第19页 (下图) © Erika Mlejová ; 第20页 © Thomas.mies （托马斯·米斯）; 第40页 © Usien; 第41页 © 柏林安吉拉·莫妮卡·阿诺德; 第45页 © LeCornichon; 第47页 © 赫佰仕慕尼黑啤酒节女郎，作者：马伯格83/Lauro Sirgado; 第49页 © Andreas Praefcke; 第54页 © SturmN; 第64页（上图） © Fridolinfreudenfett (Peter Kuley); 第73页 © Reiner Müller,德国布伦斯巴赫，邮编：64395; 第75页 © Christoph Wagener; 第81页 © Leut; 第85页 (上图) © Elfenbeinturm; 第85页 (下图) © 创始人: Metzgerei Max; 第86页 © Frank Vincentz; 第88页 © A20tons; 第93页 © Manfred Brückels; 第96页 © Danilo Borges/Portal da Copa copa2014.gov.br Licenca Creative Commons Atribuicáo 3.0 Brasil; 第97页 (上图) © Achim; 第97页 (下图) © 克里斯汀·杨斯基; 第104页 © Verkehrsverbund Oberelbe。

以下各页图片转载自创作共享署名份额3.0德国许可证：第5页 © 托马斯·沃尔夫; 第11页 © 德国联邦档案; 第22页 © Armin Linnartz 。

以下各页图片转载自创作共享署名份额2.0 德国许可证: 第109页 ©《图片报》:Sven Teschke, 德国 Steschke/标语: Martin Bauss, Büdingen。

以下各页图片转载自创作共享署名份额2.0 通用许可证: 第44页 © Citanova Düsseldorf; 第53页 © La Citta Vita; 第59页 (上图) © Katrin Morenz; 第98页 © Vladislav Bezrukov; 第107页 © Peter Mooney。

第106页图片 © 库尔特·拉斯马森; 第70页图片 © Shutterstock。

# 鸣　　谢

感谢文化之旅咨询公司在本系列丛书概念研发中给予的鼎力帮助。

文化之旅咨询公司召开各种定制型研讨会、开展各种咨询项目，从而满足企业、公共部门和个人的广泛要求。随着国际劳动力日趋增加，该公司在世界范围内为这类人群提供必不可少且实际有效的各项技能，比如为在美国开设的跨文化学习班传授课程，为派驻欧洲的中国工程师做好准备工作，在印度培训呼叫中心人员，提升警员对多民族社区的跨文化意识等等。

欲知详情，请访问：www.culturesmartconsulting.com。

文化之旅咨询和文化之旅指南均已在“快速通道”作为专栏节目播出，“快速通道”是BBC世界频道每周定期播出的旅游类节目。

德 国 地 图

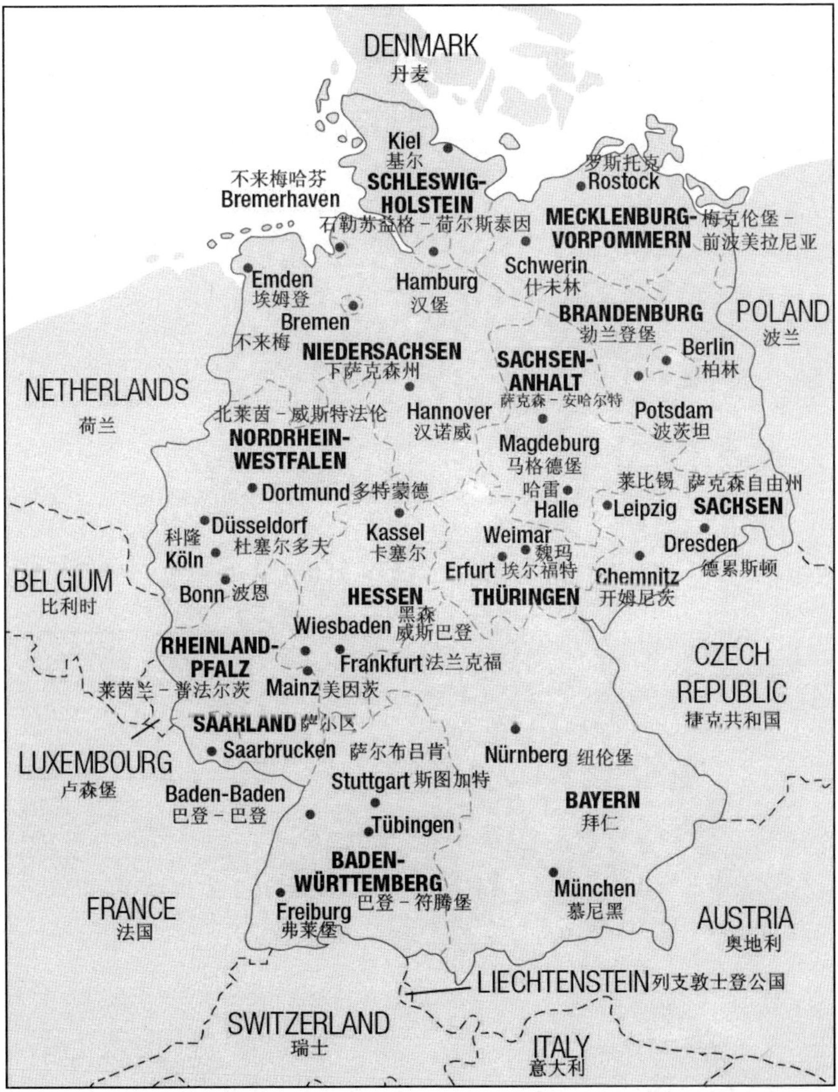
DENMARK
丹麦
Kiel
基尔
SCHLESWIG-
HOLSTEIN
石勒苏益格－荷尔斯泰因
不来梅哈芬
Bremerhaven
罗斯托克
Rostock
MECKLENBURG-
VORPOMMERN
梅克伦堡－
前波美拉尼亚
Emden
埃姆登
Hamburg
汉堡
Schwerin
什未林
Bremen
不来梅
BRANDENBURG
勃兰登堡
POLAND
波兰
NIEDERSACHSEN
下萨克森州
SACHSEN-
ANHALT
萨克森－安哈尔特
Berlin
柏林
NETHERLANDS
荷兰
北莱茵－威斯特法伦
NORDRHEIN-
WESTFALEN
Hannover
汉诺威
Potsdam
波茨坦
Magdeburg
马格德堡
Dortmund多特蒙德
哈雷
Halle
莱比锡
Leipzig
萨克森自由州
SACHSEN
科隆
Köln
Düsseldorf
杜塞尔多夫
Kassel
卡塞尔
Weimar
魏玛
Erfurt 埃尔福特
Dresden
德累斯顿
Chemnitz
开姆尼茨
BELGIUM
比利时
Bonn 波恩
HESSEN
THÜRINGEN
Wiesbaden
黑森
威斯巴登
RHEINLAND-
PFALZ
Frankfurt法兰克福
莱茵兰－普法尔茨
Mainz美因茨
CZECH
REPUBLIC
捷克共和国
SAARLAND萨尔区
Saarbrucken 萨尔布吕肯
Nürnberg 纽伦堡
LUXEMBOURG
卢森堡
Baden-Baden
巴登－巴登
Stuttgart 斯图加特
Tübingen
BAYERN
拜仁
BADEN-
WÜRTTEMBERG
巴登－符腾堡
München
慕尼黑
FRANCE
法国
Freiburg
弗莱堡
AUSTRIA
奥地利
LIECHTENSTEIN列支敦士登公国
SWITZERLAND
瑞士
ITALY
意大利

# 引　言

《文化之旅》系列丛书不仅是您旅行住宿、观光和出行的指南，还介绍了在国外旅行过程中，当地人的信仰、对您的态度以及您可能会遇到的种种状况，囊括了大量丰富有益的人文知识。本书会帮您了解哪些情况会触动当地人的敏感神经，他们信奉什么样的价值观，怎样才能受到他们热情友好的招待。

表面上德国与英美等国家有很多不同，但也是一个强大的国家。真正了解这些差异会帮助您跟当地人建立良好的关系。

如果您去德国休闲旅游的时间较长，而且需要了解当地人的生活和工作状况，那么多多掌握些这方面的知识，能跟当地人产生情感共鸣是尤为重要的。本书的几个章节中描述了德国人的核心价值观、社会态度以及对商业进行了详细和实用性的概述，为展示德国人的生活方式提供了宝贵的素材。本书还将告诉您如何去处理旅途中发生的状况、如何躲过陷阱、如何与德国人建立密切的关系和信任度。

尽管德国拥有几千年的历史，德国这一单一民族仍是一个相对比较年轻的民族。克里斯多夫·梅亚于1997年担任英国驻德国大使，2003年他在英国外交部的卸职演说中讲道："德国是一个复杂多层级的国家，敝人去过11个联邦州（德语作Bundesländer），才仅仅是略懂皮毛，其文化多样性及地域差异令人惊叹，这就好比有16个苏格兰，外加复杂的比例代表制一样，最无趣的保守主义者也有着激进无政府主义疯狂的潜质。"

德国的美景以及好客的人民吸引着世界各地的游客。本套丛书的目的就是告诉您如何理解当地文化，做一位受欢迎的游客。德国人民富有强烈的社会责任感，德国社会有着各种规则制度，这些规则制度是德国人民安全和谐生活方式的保障。因此，接下来本书将会告诉你如何遵守这些社会规则制度。

德国是欧洲的心脏，德国文化丰富多彩，德国人民善于创造。本书将为您的愉悦旅行打开一扇门，真心希望您能与德国人民建立深厚持久的友谊。请尽情享受您的美妙旅程吧！

# 国情概况

| | | |
|---|---|---|
| 官方名称 | 德意志联邦共和国 | |
| 首都 | 柏林 | |
| 主要城市 | 柏林、汉堡、慕尼黑、科隆、美因河畔法兰克福 | |
| 面积 | 137847平方英里（357022平方公里） | |
| 气候 | 温和 | |
| 人口 | 8100万（2014年7月） | 欧盟人口最多的国家和欧洲第二人口大国（仅次于俄罗斯） |
| 民族构成 | 91.5%德国人<br>2.4%土耳其人<br>6.1%其他 | |
| 家庭构成 | 平均家庭规模为2.7人 | 平均每个家庭孩子数量为1.7 |
| 语言 | 德语（官方语言） | 索布语（波罗的海语/斯拉夫语），德国北部有少数人讲弗里斯兰语和丹麦语。 |
| 宗教 | 新教（路德教）34%；罗马天主教34%；穆斯林3.7%；其他28.3% | 由社区宗教成员来支付教会税或教堂税，其中8%的收入来自巴伐利亚和巴登–符腾堡州，剩余9%来自国家。 |

（续表）

| | | |
|---|---|---|
| 政体 | 德国是联邦共和国，拥有16个州（或联邦州）；国家首都是柏林，州长和国家元首由选举产生；立法机关是两个议院：联邦议院（联邦议会）和联邦参议院（联邦委员会）；德国是一个民主国家，实行比例代表制，每4年进行一次选举；执政党是CDU（基督教民主联盟）和SDP（社会民主党）。 | |
| 媒体 | 德国的广播电台和电视台分为国营和私营两种，既有国家台，又有地方台。在大量区域和国家报纸、杂志中，国际知名的有《法兰克福汇报》《图片报》和《明镜周刊》。 | |
| 英语媒体 | 《法兰克福汇报》有英文网站，刊登当地和国际新闻。 | |
| 电力 | 230伏，50赫兹 | 使用双头插座，适合使用美国生产的电器。 |
| 视频/电视 | PAL B 制式 | NTSC电视不能在德国使用。 |
| 互联网域名 | .de | |
| 电话 | 德国国家区号为49，从德国向外拨号，先拨00。 | 私营企业可能有特殊代码。 |
| 时区 | CET（欧洲中部时间）。<br>UCT/GMT+1小时 | 比美国东部标准时间早6小时。 |

# 目 录

德国地图 1

引　言 2

国情概况 4

**第一章　彼国彼民** 1

· 地理快照 2

· 气　候 5

· 德意志民族简史 6

· 今天的德国人民 17

· 德国城市 18

· 政　体 19

· 美国影响 22

· 欧元区 24

**第二章　价值观** 25

· 凡事井然有序 25

· 凡事清楚明了 28
· 教化——教育和文化 29
· 诚实与责任 30
· 尽职尽责 32
· 职业道德 33
· 权威与地位 35
· 公私分明 35

**第三章 习俗传统 38**
· 全国性节日与宗教节日 38
· 年度交易会 47
· 家庭聚会 48
· 历史庆典 49
· 德国宗教 50

**第四章 交 友 52**
· 工作与社交生活 52
· 寒暄问候 55
· 你和您 55
· 商店问候语 56
· 对外国人的态度 57
· 参加俱乐部 57
· 受邀到家中做客 58
· 馈赠礼物 60

· 观其行，知其人 61

第五章 居家图景 62

· 故乡情 62

· 生态意识 65

· 居住条件 66

· 身份证件 69

· 日常生活与惯例 70

· 边界意识 71

· “孩子、厨房、教堂”三点一线 72

· 学校和学校教育 73

· 电视和广播 75

· 抱　怨 76

· 你是常客吗 77

· 不断变化的生活方式 78

第六章 休闲时光 80

· 购　物 81

· 星期日停业 83

· 银　行 84

· 餐馆、美食和美酒 85

· 休闲时光 92

· 高雅文化 93

· 大众文化 95

· 追求田园生活 95
· 体育活动 96

第七章 出行、健康与安全 98
· 违章处理 101
· 酒后驾驶 102
· 行驶证与驾驶证 102
· 乱穿马路 103
· 火　车 104
· 地方交通运输 105
· 住　宿 107
· 医疗与安保 109

第八章 商务指南 111
· 办公礼仪 112
· 管理风格 115
· 女性管理者 117
· 领导与决策 118
· 简报与聆听风格 120
· 会议与谈判风格 121
· 团队合作与分歧处理 124
· 德国的经济优势 127
· 居安思危 128

第九章　沟通交流　129

·语　言　129

·与人接触　130

·电　话　131

·邮　政　133

·交流之道　134

·翻译造成的误解　136

·严肃和幽默　137

·分析和细节　138

·讲诚信　139

·谈话方式　140

·肢体语言　141

结　语　143

附录　简单词汇　145

## 第一章

# 彼国彼民

德意志联邦共和国位于欧洲中部，人口8100万，国土面积137847平方英里（357022平方公里）。德国虽不是欧洲最大的国家，却是欧盟强国，这里美丽富饶、令人神往，吸引着人们来此定居、工作或旅游。德国的学者、科学家、艺术家、音乐家、作家、哲学家和政治家对欧洲文化有着深远影响，并在很大程度上影响了现代世界的思维和行为方式。

尽管几千年前就有人在德国的土地上定居，但直到1871年德国才成为一个单独的政治实体，当时在国王威廉一世统治时期，普鲁士首相奥托·冯·俾斯麦成功统一了德意志。那么，德国人的祖先是谁？他们从哪里来？如今他们又是什么样子呢？一方水土养育一方人，想要了解这些问题，一个好的方法就是从这方水土开始……

# 地理快照

德国北邻北海、丹麦、波罗的海；东邻波兰和捷克共和国；南邻奥地利和瑞士；西邻法国、卢森堡大公国、比利时和荷兰，占据着中欧重要的地理位置。由于邻国众多，所以德国总是遇到领土安全问题，而且由于历史上德国边界不断变迁，偶尔有些原本讲德语的人随着国家间的吞并而成为其他国家的公民。这一现象尤其出现在法国阿尔萨斯大区和瑞士的德语地区。在1871年德国实现统一之前，“德意志”一直是一个地理名词，指的是一个由小国占领、受牧师和王公统治的区域；历史上的大多数时候，德意志受罗马帝国以及其后的神圣罗马帝国统治。

德国地貌呈多样化分布，三种主要地形为北部的低地平原、中央高地以及南部山地。低地由一些河谷和大面积的石楠灌丛组成。（德国最古老的国家公园——吕讷堡石楠草原）

北海和波罗的海沿岸的海平面多沙丘和沼泽，北海中分布若干岛屿，如北弗里西亚群岛、南弗里西亚群岛、吕根岛、黑尔戈兰岛等。低地平原东部多良田，素有德国“粮仓”之称。北部汉诺威市和南部美因河中间是德国高地区，多浅山、谷地与河盆。主要山岭有陶努斯和斯佩萨尔特山脉，以及东边的费希特尔山。

在游客中最负盛名的地方应该是德国的西南山区，这里有黑森林（德语作Schwarzwald），著名的黑森林樱桃奶油蛋糕（德语作Schwarzwälderkirschtorte，用巧克力、奶油、樱桃白兰地和樱桃制作而成）就产自这里。最南部是巴伐利亚阿尔卑斯山脉，德国的最高峰、海拔9718英尺（2962米）的楚格峰就坐落于此。

德国另一主要地理特征是河流众多。其中最重要的是莱茵河，该河发源于瑞士，流经德法边界进入德国本土，然后流出德国，进入荷兰，最后注入北海。莱茵河既

是重要的水路运输网，又坐拥德国最美之风景。沿岸城堡林立、气势磅礴、雄伟壮观。莱茵河及其支流——摩泽尔河和内卡河沿岸的葡萄园爬满了大大小小的山坡，这里出产的葡萄用于酿制德国白葡萄酒（鹤酒）和雷司令白葡萄酒，德国因此而享有盛名；鲁尔区一直是德国工业中心，鲁尔河则是莱茵河的又一支流；易北河发源于捷克共和国，向西北方向流经德国平原，后注入北海；多瑙河（德语作Donau）发源于黑森林东麓，径直向东流入奥地利。东部的奥得河和尼斯河构成德国和波兰的天然国界；其他主要河流还有美因河、威悉河和施普雷河。

德国东北平原上有很多大型湖泊，但南部山地的湖泊最为波澜壮阔。其中最著名的是康士坦茨湖（博登湖）。

德国乡村有30%左右是未遭破坏的林地。德国有约80%的农业用地，但是农场数量却在不断减少，农业仅占德国经济的0.8%（2012年数据），雇佣劳动力仅为1.5%。

自古至今，德国一直是欧洲各国相互往来的枢纽。它不仅有多达9个邻国，而且水路交通发达，可以将欧洲各地的货物运输至北海和波罗的海的各个港口。

## 气 候

德国属温带海洋性气候。北部低地比南部山地略微温暖，降雨降雪也最多。德国年平均降水量为23—27英寸（600—700毫米）。冬季山区气温21℉（-6℃），低地气温35℉（1.5℃）；夏季山区气温64℉（18℃），即使山谷里也只有68℉（20℃）。

### 焚 风

德国南部高山气候的一大特征就是“焚风”（德语作Föhn）。这是一种沿背风坡向下吹的干热风。潮湿气流沿迎风坡上升，这一过程中得到冷却，并失去水分。当该气流沿背风坡下降时，由于压力的升高，其温度也会随之升高，短时间内可骤升10度。焚风会让天气变得晴朗温暖，形成美丽迷人的晚霞，同时也预示着风云突变。

## 德意志民族简史

每个国家都有自己的建国神话，英国有凯尔特人、亚瑟王和阿瓦隆之地的故事；美国有建国之父的故事。

“德意志”并不是此处居民想出的名字。“日耳曼尼亚”这个名字是罗马历史学家塔西佗起的，塔西佗十分钦佩这个民族。

最初的日耳曼人靠狩猎采集为生，大约公元前2300年，有人可能从亚洲和欧洲东北部向西向南迁徙来到这里，他们定居在多瑙河附近。当时好像出现过两次大规模的迁徙浪潮：第一次是凯尔特人，他们种植农作物，饲养牲畜，并与他们的地中海邻居进行贸易往来。考古表明他们是第一批开采铜矿和锡矿的人，并最先学会了用青铜制作工具和器皿。后来的人可能源自俄罗斯南部，他们迁移来到了德国北部和中部，他们是德语的真正祖先。他们学会了使用铁，制造金属工具和武器，最终吸收了凯尔特青铜时代文明的各族人们，融合形成一个民族。

日耳曼各个部族沿着罗马帝国的东北边界发展壮大，成为罗马最强劲的对手。切鲁西部落首领赫尔曼（拉丁语：阿米尼乌斯）于公元9年在条顿堡森林大胜罗马军团，成就了著名的德意志建国神话。

您或许还记得，电影《角斗士》开始描写的就是马可奥勒利乌斯大帝（公元161—180年在位）率领的罗马军队与入侵的德意志部落之间的一场战争。由于罗马势力衰减，德意志部落不断挺进，最终于公元410年全面攻陷罗马。

## 加洛林帝国

德国历史真正的起点是法兰克国王卡尔大帝的争霸传奇，卡尔大帝还有另一个更为人熟知的名字——“查理曼大帝”，他在很短的时间内就吞并了日耳曼各个部落，制服了异教徒，强迫整个欧洲大陆建立秩序。他把首都建在北莱茵-威斯特伐利亚的亚琛市，这里便成了知识复兴的中心。同时，他还促进了法兰克语的发展。

在公元第一个千年中，欧洲各国边界是不固定的，为满足罗马帝国的需要才第一次确定下来，随后由于王朝联姻和教会的影响，各国边界不断变迁。随着西方罗马帝国的陷落，罗马教会成为帝国的唯一继承人，顺承帝国文化与正统。作为基督教王国的拥护者，查理曼大帝重新恢复了“罗马皇帝”的称号，并于公元800年在罗马由教皇利奥三世加冕为神圣罗马皇帝。从他开始，新一脉的“罗马”皇帝祖祖辈辈延续了1000多年，但是这些皇帝却很少将势力扩展到德意志以外的国家。查理曼大帝去世后，他一手创建的帝国开始分崩离析，部分原因是帝国特殊的继承法，它要求土地要平均分配给皇帝的所有儿子。虽然如此，很多勤政有为的德意志国王仍然努力想要在西方成立罗马帝国，这让他们卷入了与教皇和复兴的意大利城邦的冲突中，在中世纪的政治历史中写下了浓墨重彩的一笔。

在中世纪，各位王公的土地最开始合并在一起，算作神圣罗马帝国的封地。但是，这些公国逐渐各自独立，只有在老皇帝驾崩时，各位王公才凑到一起从他们中选一位新神圣罗马皇帝。到16世纪，帝位改为世袭制，只有一个德意志王朝，即奥地利的哈布斯堡皇室。中欧的新教徒和天主教徒之间的“三十年战争”（1618—1648）之后，德意志神圣罗马皇帝的权力被大大削弱。

我们现在所知道的德国，最开始实际上是由一些小的独立公国、公爵领地、王国和自由邦拼凑而成的，它们结构松散，但都效忠神圣罗马皇帝。这一局面一直延续到1806年拿破仑解散神圣罗马帝国才告结束。

有些德意志城市曾有过特殊的地位，其中最重要的是汉萨联盟的几个城市。汉萨联盟是中世纪时期，德意志北部几个城市结成的同盟，它们控制着北海和波罗的海的贸易往来。包括不来梅、汉堡和吕贝克在内的汉萨市镇进行海外贸易，在那个农业经济为主的时代带动了德国的商业发展。

## 宗教改革

1517年，奥斯定会会士马丁·路德在德国发起宗教改革，反抗罗马教廷公然出售赎罪券（称购券即可免罪）。他的反抗得到德国北部各个公国的积极响应，很多公国改信路德新教。各国间政治利益、经济利益、宗教利益纷争不断，错综复杂，在之后的100年里，神圣罗马帝国的选帝侯之间划分成天主教和新教两个阵营。

由于哈布斯堡皇帝指定其堂弟施蒂利亚公爵费迪南为波西米亚（捷克）国王，波西米亚贵族纷纷反抗，随即引发一场更广泛的冲突。次年，费迪南成为神圣罗马皇帝，“三十年战争”由此开始。德意志、奥地利、瑞典、荷兰和法国都被卷入这场战争。今天德国北部以新教教徒为主，而南部则以天主教教徒为主，就是当年天主教联盟国与新教联盟国斗争的结果。

## 普鲁士的崛起

普鲁士的崛起对理解当今德国的发展有着至关重要的意义。1947年德国被正式分裂，在战后的分裂时期，普鲁士人似乎代表了许多德意志人的共同特点，他们纪律严明、效率极高、爱好战争，而且由容克贵族统治。有趣的是，普鲁士在德国历史上出现的时间较晚。普鲁士位于德国东北部，从公元13世纪到公元16世纪，这里一直是一片未被开垦的荒地，有点像19世纪初的美国西部，当时只有古普鲁士和立陶宛部落在此居住。普鲁士由条顿骑士团建制并管理。条顿骑士团由武装僧侣组成，是圣殿骑士的一个分支，他们的任务就是让波罗的人皈依基督教。辉煌时期，他们占领的土地面积相当于英国那么大，并在马林堡建都，即如今波兰的马尔堡。

1410年塔能堡战役中，波兰和立陶宛联军大败条顿骑士团。1525年，在马丁·路德的影响下，骑士团的大团长霍亨索伦皇族的阿尔布雷希王子皈依新教，骑士团由此走上了世俗化道路。骑士团兄弟会成员可以结婚并拥有土地，很快成为了新兴军事贵族。同年，阿尔布雷希将普鲁士改建为世袭公国，臣服于波兰。经过世代传承，1618年勃兰登堡的霍亨索伦选帝侯成为普鲁士的新主人，普鲁士得到发展壮大，领土向外扩张。“大选侯”腓特烈·威廉废除了波兰对普鲁士的宗主国地位，一个生机勃勃的新政权由此诞生，其贵族或“容克”阶级骁勇善战，有着悠久的军事传统。

1701年，普鲁士王国成立，在腓特烈二世（即腓特烈大帝）的统治下普鲁士王国在18世纪的欧洲扮演重要角色。腓特烈大帝建立的军队英勇无敌，在欧洲权力平衡中起着关键作用。例如，在1815年与拿破仑的滑铁卢之战中，正是布鲁克将军率领的普鲁士军队在盟军的帮助下扭转了战场局面。拿破仑帝国的建立激发了国内的民族主义，激发了内部社会和行政改革，普鲁士获得重生。

盟军战胜了拿破仑，建立了新的德意志联邦，以代替被拿破仑废除的神圣罗马帝国。该联邦受奥地利统治，直至1848年之后。到了19世纪中叶，普鲁士崛起，在各联邦州中力量最强大，成为奥地利的死敌。时任普鲁士首相的奥托·冯·俾斯麦亲王计划统一德意志民族，由普鲁士王国领导，而奥地利的政策是保持德意志的分裂。1866年两国决战，普鲁士军队的英勇善战和组织严密是制胜关键。

法国是普鲁士在欧洲的另一劲敌。1870年，俾斯麦成功操纵法国皇帝拿破仑三世宣战。法国军队在俾斯麦的攻

势下一败涂地、狼狈不堪，于是在1871年俾斯麦宣布普鲁士的威廉一世为德意志帝国皇帝，建都柏林，并在凡尔赛的镜宫举行了著名的加冕典礼。

一个全新的德意志帝国就这样诞生了，新生的帝国虽然军事组织完备、身经百战，但毫无民主政治管理经验。德意志帝国强大的组织能力和活力很快得到了证实，它的工业化速度惊人，到1900年德国的工业产值就赶上英国，随后在1950年以前又赶上美国。俾斯麦，作为德意志统一的缔造者，成为帝国第一任首相。之后，威廉二世即位，他罢免了俾斯麦，也促成第一次世界大战（1914—1918）的爆发。一战中不仅欧洲各国参战，就连美国军队也首次来到欧洲参加战争。

## 魏玛共和国

战争结束后，战胜的协约国将怒气撒在了德意志头上，不仅强加赔款，还强制命令德国退回至1914年之前的边境。1919年在易北河畔的魏玛举行了国家立宪大会，起草了一份新的民主宪法。一边是迅速发展的共产党（受刚刚取得胜利的1917年俄国十月革命推动），一边是崛起的国家社会主义（德国遭受割地赔款等不平等对待，以及20世纪30年代早期大萧条造成的社会混乱助推了国家社会主义的发展），有人可能会说年轻的魏玛共和国被夹在两者中间，没有太大希望。

1932年，国家社会主义党，即纳粹党获得37.3%的选票，从而赢得大选。1933年，该党党首阿道夫·希特勒成为第三德意志帝国的首相与国家元首。

## 第 三 帝 国

希特勒野心勃勃，打造德意志海陆空三军，并试图夺回一战中丢失的领土，实现德意志帝国的复兴。吞并莱茵兰之后，他又入侵奥地利、苏台德地区，继而是整个捷克斯洛伐克。对待内部的反对派，

他无情镇压；对人民大众，他灌输纳粹思想，建立独裁专政。同时，他还要净化雅利安民族，强行消灭“不良”种群——不仅包括异己分子，还有罗姆人、俄罗斯人、妓女、同性恋，最主要的是犹太人。被胜利冲昏头脑的希特勒于1939年入侵波兰，再一次将德意志人民卷入战火之中。

二战中，纳粹为实现其目的，在欧洲中西部地区大肆奴役人民，烧杀抢掠，建造集中营。在1939年到1945年的大屠杀中，估计有600万欧洲犹太人死于集中营，除此之外，还有数百万其他民族的人民死于纳粹魔爪。

## 战后德国

1945年，六年全面战争后的德国彻底战败，经济、政治均遭到严重破坏。四大同盟国——美国、英国、法国和苏联瓜分了德国，其首都柏林也落入四国手中。1948年，苏联与西方列强之间出现分歧，从而导致控制德意志的联盟机制彻底瓦解。苏联继而强制封锁柏林，切断了所有通往西方的陆路通道。1948年6月到1949年9月，美英两国通过一条23英里宽的空中走廊向封锁的柏林城空运物资给养215万吨，直至苏联最终被迫做出让步，这就是所谓的柏林空运。

1949年德国分裂，一部分成为德意志联邦共和国，又称西德，建都大学城波恩；另一部分成为共产主义德意

志民主共和国，建都东柏林。柏林仍由占领国分区控制，并通过空中和陆路通道与西德相联系。它在西方与苏联的冷战中仍是焦点，并为很多小说家（如约翰·勒卡雷和伦恩·戴顿）的间谍故事提供了素材。1955年，西德加入北约，东德加入华约。1961年，苏联建造柏林墙。

## 经 济 奇 迹

美国战后的马歇尔计划帮助西德再建工业基地。康拉德·阿登纳担任战后西德第一任首相，在其领导下西德工业产值迅速赶上其他欧洲国家。1956年，西德成为欧洲经济同盟创始成员国。

## 两 德 统 一

20世纪80年代，苏联共产党总书记米哈伊尔·戈尔巴乔夫放松了对东德的控制。1989年11月9日，由于一次戏剧

性事件，柏林墙遭到破坏，继而被拆除。1990年10月，西德与东德统一为德意志联邦共和国，首都从波恩迁至柏林。

## 今天的德国人民

如今的德国积极投身欧盟和欧元区建设，是欧洲经济实力最强大的国家。它成功地将四分五裂的柏林、东德各州（“东佬”）和西德各区（“西佬”）聚拢在一起，实现了大体上的和谐统一。虽然现在的德国经济取得巨大成功，但过去那段艰难困苦的岁月仍留下很多问题亟待解决。现在的欧洲经济不景气，希腊和西班牙等国面临难关，只能实施财政紧缩方案。面对这一切，德国选民表示他们并不愿意给其他国家经济“援助”。由于经历过两次世界大战，因此德国军队除了和平支援，不愿再踏足冲突地区。五个“东佬”州分别是梅克伦堡、勃兰登堡、萨克森州、萨克森-安哈尔特州和图林根州。

尽管如此，德国的民族团结工作还是取得了辉煌成绩。德国人口中有91.5%是德国本地人。虽然在20世纪90年代和21世纪初，移民曾是困扰德国的一个大问题，但是现在德国在流动工人等问题上更加务实。他们认为“劳动力在欧盟内部自由流动”是基本自由，而且一直为实现这一理想而奋斗。在德国人看来，外来移民可以改善本地劳动人口老龄化和劳动力日益短缺的现状，由此带来的旅游业的兴旺相比之下就不是主要问题了。另外，新移民的技术水平往往比90年代的外籍劳工要高很多，对劳动力水平有积极贡献。

随着经济水准和生活方式趋于持平，东西分化正在消退，但是南北差别依然存在。概括地说，德国分为北部的普鲁士和南方各州。虽没有明确界限，但是法兰克福往南是南方各州。南北之间在发音和词汇上有细微差别，但主要区别在于各自信仰的宗教和生活方式。北方“普鲁士人”信奉路德教，他们吃苦耐劳、规规矩矩、沉默寡言；而南方人多数是天主教徒，他们相对来说更加随和、容易相处。

德国本质上属于区域自治，各州有自己的政府和立法机关，并各自派代表参加柏林的联邦议会，因此不像美国或英国那样南北方总是较劲儿，但是生活方式上会有显著差异。德国人可能会说自己是哪个具体的地区的人，而不仅仅是德国人。

## 德国城市

直到1989年，科隆附近的大学城波恩一直是西德首都，而柏林东部地区则是东德首都。德国重新统一后，联邦政府开始分阶段迁回柏林，2003年全部搬完。除了首都柏林和主要港口城市汉堡，德国的主要城市多集中在高地区和南部。慕尼黑（德语作München）是重要的商业和文化中心；科隆（德语作Köln）是一座工业城市，市内有一座著名的大教堂；海德堡是重要的大学城。位于鲁尔河沿岸的埃森市是德国的钢铁之都；多特蒙德是煤矿中心；南部的斯图加特是重要的工商中心，戴姆勒·奔驰公司总部就设在这座城市（大众汽车总部在沃尔夫斯堡，宝马总部在慕尼黑）。杜塞尔多夫是时尚与商业中心。莱比锡是最

古老的大学城之一，也是重要的贸易中心，在东德与外界隔绝数年，如今再度焕发当年风采。还有美因河畔法兰克福是世界主要金融中心之一。

森林环绕是德国城市的特色之一。即使飞行在法兰克福这样的大城市上空，您照样会看到城市周围松涛荡漾、绿野漫漫，让人心旷神怡。不说全世界，仅从欧洲范围来讲，德国也算得上是最有生态意识的国家之一。浓郁的地域特色，较小的人口密度，青翠怡人的生存环境，这一切让德国少了些许拥挤，多了几分恬淡与从容。

## 政　体

德国实施联邦制，分为16个州（德语作Länder），各

州享有充分自治权。1949年订立的《基本法》（德语作Grundgesetz）是德国的治国法律，1990年进行修改，将东德各州纳入该法管辖。该联邦宪法规定总统为国家元首，每隔5年由联邦议会两院选举产生。

**德国各州概况**

| 州名 | 首府 | 方位 |
| --- | --- | --- |
| 石勒苏益格–荷尔斯泰因 | 基尔 | 北部 |
| 梅克伦堡–西波美拉尼亚（梅克伦堡–福尔波门） | 什未林 | 北部 |
| 汉堡 | 汉堡 | 北部，三个“市州”之一 |
| 不来梅 | 不来梅 | 北部，三个“市州”之一 |

德国各州概况

（续表）

| 州名 | 首府 | 方位 |
|---|---|---|
| 北莱茵（北莱茵-威斯特法伦） | 杜塞尔多夫 | 北部 |
| 下萨克森（德语作Niedersachsen） | 汉诺威（德语作Hannover） | 北部 |
| 柏林 | 柏林 | 北部，三个“市州”之一 |
| 勃兰登堡 | 波茨坦 | 北部 |
| 萨克森（德语作Sachsen） | 德累斯顿 | 北部 |
| 莱茵兰-普法尔茨（德语作Rheinland-Pfalz） | 美因茨 | 南部 |
| 萨尔兰 | 萨尔布吕肯 | 南部 |
| 黑森（德语作Hessen） | 威斯巴登 | 南部 |
| 萨克森-安哈尔特（德语作Sachsen-Anhalt） | 马格德堡 | 北部 |
| 图林根（德语作Thüringen） | 埃尔福特 | 南部 |
| 巴登-符腾堡 | 斯图加特 | 南部 |
| 巴伐利亚（德语作Bayern） | 慕尼黑（德语作München） | 南部 |

依照宪法，德国议会分为两院，共656个议席。下议院（德语作Bundestag）每4年选举一次；上议院（德语作Bundesrat）由州议会派代表组成，根据人口数量各州最多占6个席位。

首席部长即总理，由总统指定，但必须经上、下两院批准，其任期为4年。各部部长由总理任命，但也要经过议会批准。

德国实行多党民主制。大选赢得5%选票即可获得议会席位。下文中将会为您详细介绍主要政党。

## 美国影响

无论在政治上还是文化上，美国对现代德国都有着深远影响。由于美国在冷战中处于前锋位置，所以直到1993年美国军队才从德国领土撤出。AFN（美国军中广播）向美方人员播放美国流行音乐和新闻，但是德方人员也可以收听，虽然很少有人承认，但是它的影响确实是根深蒂固的。西德整整两代人都是在美国经典流行和摇滚乐中长大的。

## 主要政党

**CDU——基督教民主党**

该党是二战后由康拉德·阿登纳博士成立的，属中右翼政党。该党一贯代表商业和农业，其精神大致与美国的共和党和英国的保守党相似。

**SPD——社会民主党**

该党是德国最古老的政党，植根于工人阶级，属中左翼政党。现在，该党代表的是专业阶级和白领工人。曾任柏林市长的维利·勃兰特是该党领导人中首位任职德国总理的。社民党是自由主义政党，大致与美国的民主党和英国的工党相似。

**CSU——基督教社会联盟**

中右翼政党。通常认为该党是巴伐利亚州的基督教民主党，并且该党与基督教民主党已组成联盟。

**FDP——自由民主党**

该党是规模较小的中间派，政治上属于进步主义，而经济上属于保守主义，与基督教民主党或社会民主党结为联盟。

**PDS——民主社会主义党**

1990年东德并入德意志联邦共和国之前的原德国共产党。其党员主要在东德地区，其主要作用就是在议会中代表东德利益，是议会中最小的政党。

**绿党/联盟90**

绿党和联盟90都是德国保护生态和反核武器的政党。1983年，绿党在议会中赢得首个席位。通过与联盟90联合，绿党在议会中占有多个席位。联盟90为公民权利政党，为德国的重新团结而奋斗。

# 欧 元 区

作为欧盟和欧元区（欧元已取代德国马克）成员，德国政府既要执行欧洲法律，又要制定本国法律。

如今的德国是欧洲的工业强国，坚决致力于民主政治建设，并在欧洲中南部的发展中发挥重要影响。除俄罗斯以外，德国是在原苏联和巴尔干半岛各国投资最多的欧洲国家。最重要的是，德国积极致力于打造一个团结一致的欧洲，无论从政治上，还是从经济上，都为这一目标倾注了巨大的精力与资源。

# 第二章

# 价　值　观

一个民族的共同价值观决定了其政治、经济和社会结构，以及其国民的行为方式。虽然德国人中有相当大一部分与美国人和英国人源于同一血脉，但是德意志民族的核心价值观却与英美完全不同。简单来说就是德意志民族“从何而来”？是什么激励他们在商业和社会方面取得发展？

任何人听到“德国人”这个词时，首先想到的就是效率与组织。这两个词一般不会与国民性格联系在一起，那么人们的这种印象从何而来呢？在德国任何地方，您都会有种干净整齐、有条不紊的感觉，即使最微不足道的细节也是如此。然而，德国人并没有刻意追求这些，他们看重的是秩序，效率和组织只不过是秩序的副产品而已。秩序是德国基本价值观，而且贯穿德国人的一举一动。

## 凡事井然有序

德国人生活的基本理念就是“秩序”（德语

作 Ordnung）。“Ordnung muss sein”这句话的意思就是“凡事都要井然有序”，它体现了德国人的一种信仰，即万事万物都有内在秩序和体系。生活的目标就是分析每一件事，发现其中的秩序和体系，然后加以应用。德国教育和社会培训的作用就是向人们灌输追寻秩序和意义的思想，并告诉人们应该如何对其加以应用。秩序构成生活牢不可破的坚实基础。混乱会让德国人感到不安，所以，不论形势多么困难，德国人的首选目标都是搜寻并重建秩序。

您可能会说“那又怎样，大家都喜欢井然有序的生活”。的确如此，但在德国，凡事讲秩序已经上升为一种民族理念，而且已经波及到民族生活的方方面面。

其中一个例子就是规划。德国公司会提前数月就开始规划，了解在该事件发生前，可能会出现哪些情况变化。他们追求的秩序意味着他们宁可花时间把每种情况变化都重新计划好，也不愿在马上要做之前再做全盘考虑（法国人、意大利人和西班牙人可能会这么干）。

我们每个人在成长、教育和其他阅历中都形成了很多特征，它们构成了我们独特的心理社会程序，我们走到哪里就把它们带到哪里。其中之一可能就是在生活中注重秩序。但这只是就某个人而言，整个社会不一定都这样。您可以想象一下秩序成为一个民族的内在规则，会出现什么样的结果；您还可以想象一下看到垃圾不捡比视而不见还让人难受，会是怎样一番情景。这样您就可以理解德国精神了，这是一种社会秩序内化的民族意识。例如，它可以解释德国人为什么是欧洲最有生态意识的民族，为什么在看到陌生人违反规则时，哪怕是多么微小的规则（如乱穿马路或违反社会公德行为），他们都会挺身而出进行劝阻，而在其他国家，人们可能会默默忍受这些行为或坐视不理。要是您的同事，甚至是陌生人提醒您遵守规则时，请不要责怪他们无礼，他们只是出于对社会责任感的执着坚持。

把秩序放在首位的民族精神带来很多影响。首先，如果选举了一位领导人，他们就会按照他/她的话去做，所以尊重权威非常重要；其次，提前计划、有效组织并认真检查的人会让他们更满意，而“临阵磨枪”或匆忙做事的人则不受欢迎。如果您本性就是“现上轿现扎耳朵眼”或者做事“对付对付就行”，那么在跟凡事讲秩序的德国人打交道时，可一定要把这些毛病好好改改。

这一切形成了人们对德国人的刻板印象：沉默寡言、不苟言笑、一板一眼、恪守秩序。但事实绝非如此，德国人和其他任何人一样有着很强的幽默感，而且内心深处有种爆发式的桀骜不驯，1989年推倒柏林墙，这一惊人壮举就是很好的例子。作为社会准则，德国南北方对秩序的理解不尽相同。尽管如此，我们还是有必要认识到秩序是德国社会根深蒂固的组织原则，而且必须予以重视。

## 凡事清楚明了

曾有一位英国经理和一位德国经理坐下来洽谈一个项目。过了好长时间，在认真分析所有细节后这位德国经理提出了一份他认为满意的方案，并且说“好啦，现在所有事情都整理清楚了，我想会一切顺利的”。这里的关键词是“清楚”（Klarheit），这对于多数德国人都是非常重要的，而要想做到这一点，就要整理出一个体系，向每个人精确描述应该做什么、谁去做。您可能会问，只要做到这一点就可以了吗？是的。但若是说到民族原则的话，光清楚是远远不够的。德国人在表达意见和与人沟通时喜欢直截了当，不爱拐弯抹角。当别人向他们做出解释说明时，他们常用“一清二楚啦”（德语作Alles klar）来表示感谢。

想要达到清楚明了并不总是件容易的事，德国人会潜心于（有人说他们是痴迷于）漫长而深入灵魂的分析，经过这样的局势或提案分析后，他们就可以把一切搞清楚，并整理出一套体系来。体系一旦出现就成为秩序支柱，不会轻易改变。所以，人们会觉得德国人做事相当刻板，缺乏灵活性，而且还有点拘泥于细枝末节。德国人做生意的一大问题就是“分析瘫痪症”，就是对某一形势的分析超过了更重要的目标——决策制定。

再来说说公共汽车站。汽车到站了，最后关头您发现自己上车后买不了票，您请求司机/售票员让您上车，那您得到的答案十有八九是“不行”。不知道规矩就不能享受服务。要是您想了解有啥规矩，您可以找个人问问，一切都十分清楚。最后，您没能准时到达目的地，并因为德国人的死板教条、不懂体谅而怒火中烧。可那位汽车司机却认为您是位粗鲁、没教养、做事没有条理的外国人。

另一方面，就德国人个人而言，他们对待外国人还是十分宽容和热情的。他们会不厌其烦地教给您或向您解释他们的规矩，有时候会让外国人感到厌烦。“这些告诉我该做什么的人是谁？”答案是“他们是德国人。他们对规则了如指掌，并坚决遵守。在他们看来您没有理由不这样做。而且他们已经准备好随时向您讲解这些规则。毕竟，生活有条有理不是更轻松些吗？”

## 教化——教育和文化

德国是最早采用印刷术和印制书籍的国家，也是首批消灭文盲的国家之一。德国人一直非常重视教育和文化，这一点体现在议会五分之一的议员有博士学位（美国国会仅有3%），常务董事中有58.5%的人有博士学位（美国仅有1.3%）。

教育的意义在于为生活提供组织有序的框架（如果您喜欢的话，也可以把它看成一种世俗宗教），

这对于18、19世纪的德国哲学家康德和歌德、席勒等作家是至关重要的。这有助于我们理解教育和美学在德国商务和政治生活中的重要性，人们为什么对理念和“重大问题”如此关心，以及德国城镇的地方艺术中心、影剧院和博物馆为什么会快速增加（参见第六章“高雅文化”部分）。

## 诚实与责任

找到一个清晰有效的系统需要花费大量脑力去思考，还需要人们的诚实正直。总体而言，德国人更喜欢直言不讳地说出自己的想法，而且更喜欢依靠事实来处理问题。坦率直白是德国社会的特点，北方的这一特点比南方更明显。在谈判中，德国的业务伙伴比英美等国家的谈判对手更加直截了当。德国人和美国人都不喜欢英国人含糊其辞、绕来绕去的说话方式。在德国说话时一定要心口如一，不用太担心这样会得罪您的商业伙伴。这就意味着，虽然德国人可能是出于友好想要帮助您，但是对您行为或性格做出的评论可能会太过直接，让您接受不了。德国人说英语时，并不会对情况有所改观。地道的英语里有很多“请”“谢谢”“可能”“大概”“也许”之类的词。但德国人说英语只会用“是的”“不”“应该”和“必须”，让人感觉口气很强硬或者根本就是很粗鲁。

**直接切入话题**

一家金融服务公司举行了一次团队协作演练，参加人员有爱尔兰人、英国人和德国人，他们共分为两队，每队派一位观察员。到了汇报阶段，爱尔兰人的报告用风趣幽默的语言，外加很多有意思的旁白，指出了其团队表现出的一些瑕疵。然后轮到海因茨发言了，海因茨来自慕尼黑，小伙子长得很帅，待人友好和善，很有魅力，而且英语说得顶呱呱。他是这样开始的：根据我的观察，我总结了十条，它们是：第一，你们没有怎样怎样；第二，你们本应该怎样怎样，但是你们没这么做；第三，你们没有怎样怎样，他就一直这么讲下去。

会间休息时，英国人和爱尔兰人把主持人拉到角落里，说：“海因茨太叫人生气了。他说得我们手心直冒冷汗。”这位主持人是英国人，他也不得不同意他们的说法，因为他也有同感，虽然他也知道海因茨只是按照德国人的方式，把做的好的当作理所当然，不必多说，把做的不好的和应该吸取的教训简单明了、直截了当地告诉大家。在组织与综合方面，这样做或许会十分奏效，但是在人际交往中可就行不通啦。毋庸置疑，在休息时，海因茨天生的魅力和彬彬有礼的举止又会赢回大家对他的好感。

## 尽职尽责（德语作Pflichtbewusstsein）

让我们来说一个更加严肃的话题，与诚实正直和清楚明了相匹配的是强烈的责任感。“心口如一”的另一面是“言出必行”。在德国人看来，言行不一，或者说了要做，但又马上强调困难的行为都是非常恶劣的。如果德国人说“我会尽全力去做的”，那么就意味着“我会尽一切努力，而且成功的可能性很大”。但是，这话要是一个英国人说的，或许就是在为可能的失败找借口了。尽职尽责是德国人生活中的重要部分，而且他们遛狗时也这样，他们会把狗狗的粪便捡起来处理好。德国人在军队中或工作中也同样恪尽职守。

这种责任感与德国的一种传统思想有关，即某种高尚情操和对高等原则的坚信，我们可以从瓦格纳的歌剧、歌德和席勒的伟大的浪漫主义诗歌中清楚地看到这一点。德国人理智处事的智慧中暗含着一种固有的以大局为重的意识，个人意志必须服从集体利益。德国的社区（德语作Gemeinschaft）意识和集体归属感（德语作Gruppenzugehörigkeit）意味着，不论是出于某人的个人利益，还是他人利益，个人行为都不得损害集体利益。“己所不欲，勿施于人”就是这个道理。了解德国人的这种理想主义，我们就可以明白为什么德国人的公共秩序意识已深入骨髓。

**社区**

家庭周（德语作Hauswoche）就可以证明德国人的这种公共秩序意识，特别是巴登-符腾堡最为典型。在这里，住在公寓楼里的居民通常会轮流值日，打扫楼外的街道，清洁楼内的公共走廊等。很明显，这样会限制他们的自由，但是他们很乐意做这些工作，因为在他们看来这是在为公益事业做贡献，自己也会从中受益。

## 职业道德

这样生活需要付出很多努力才行，难怪德国人有着强烈的工作责任感。以正确的方式做好该做的事情是德国精神的重要部分。这种精神同样贯穿在整理、安排个人空间，以及处理工作中。

周密细致（德语作Gründlichkeit）是职业道德的一部分。要么不做，要做就做到最好。曾有一位德国员工调到英国公司工作，发现公司给他设定的高额目标后，他有些坐不住了。不论他如何努力，也不可能100%完成任务。心急如焚的他找到了经理，而经理的话却让他大吃一惊："您已经做得相当好了，其实能完成60%就已经很不错啦！"

16世纪由马丁·路德发起了宗教改革，其思想不仅影响北欧各国、美国、加拿大、澳大利亚和新西兰，还让德国人的职业道德更加根深蒂固。这种思维方式认为工作本身是一件好事，一个人对待工作的态度，以及从事工作时的自律程度可以打造并净化一个人的性格。路德教教义在德国影响十分重大，它强调工作努力和生活节俭的重要性，认为这是一种个人发展方式。长久以来，人们一直把维持稳定的社会秩序和秉承勤奋节俭的生活方式看成是良好宗教生活的重要组成部分（在日本和韩国等国家也有类似思想，注重勤奋谦虚的儒家思想对他们有着深刻影响）。以新教徒为主的德国北部是这些思想尤为盛行的地方，除了受宗教改革影响外，这里的人们还受到纪律严明的普鲁士军国主义传统影响。

有趣的是，德国人必须搞清楚如何在规定时间内完成规定的工作量。有人认为德国人会像美国人以及越来越多的英国人那样，把所有时间都拿来工作。事实并非如此，对于德国人来说，加班加点或者把工作带回家，表明这个人工作效率低或者该工作描述不清晰（组织效率低下的表现），同时也是对工作伙伴缺乏信心的标志。德国人认为职业道德就是在有偿工作时间内尽可能地努力工作，自觉自律，不浪费每一分每一秒，并不是要求您加班。另外，职业道德还意味着要可靠守信，说到做到，不拖泥带水，不求多，但也绝对不能少。

## 权威与地位

社会制度得以正常运行离不开人们对权威和地位的强烈意识。跟其他国家的人一样，德国人也会批评权威，但是最终他们还是会接受权威的领导，不论是一个家庭，还是市议会、办公室和政府都一样。维持约定俗成的社会结构和体系是重要的，随之产生的是对地位的强烈意识。衣着光鲜、玉盘珍馐、珍楼宝室都是地位尊贵的象征，但最重要的还是要看座驾的品级。举例来说，曾经有两家德国公司合并，于是人力资源经理在一小镇组织了一场双方团队见面会，两家公司的CEO都会到场。在会议酒店，一位CEO被安排在了阁楼，而其他人则住商务套房。但是，另一位CEO宁肯换一家酒店也不愿住进套房。尤其是在德国商界，身份地位的对等十分重要。

## 公 私 分 明

德国人把工作和娱乐分得清清楚楚。正如他们所说："工作是工作，喝酒是喝酒"（德语作Dienst ist Dienst und

Schnaps ist Schnaps），两者互不相干！德国人做事讲究界限，工作时间和娱乐时间之间就有着明显的界限。凡事都得分清楚，社交生活中也是如此。

### 工作与喝酒

一位英国制造商刚刚与一家德国北部的公司签订了一份零件供货合同。为表庆贺，他请德国团队去一家葡萄酒酒吧（德语作Weinstube）喝酒。当时大家喝得非常开心，这位英国制造商给每个人买酒，说话友好而亲密，用“你”来称呼每个人。当他回国后，却收到传真说这家德国公司决定不再和他做这笔生意了，他简直惊呆了，赶紧给德国同事打电话问到底怎么回事，后来人家告诉他德国公司董事长觉得由于他的不当言行，不能继续再跟他做生意了。

要是在英国，这位英国商人的所作所为并没有不妥之处，但在德国人看来，他逾越了商务礼节和私人生活的界限。对于这位英国制造商来说，这不过是与新同事交朋友的方式；而对于那位德国公司的董事长来说，这种逾越损害了英国人的尊严和信誉，他必须停止与他的合作关系。诚然，这是一个相当极端的例子，但是却说明了“工作是工作，喝酒是喝酒”的重要性。

德国人之所以喜欢划分界限可能与他们缺乏安全感有

关。德国地处欧洲中部，有九个邻国，历史上频遭政治经济之乱，于是德国人内心深处特别渴求安全感。也许在欧盟体制内，随着时间的推移，德国人这种强烈的界限划分意识会逐渐淡化下来。

# 第三章 &

# 习 俗 传 统

请不要以为生活有条理的人就不知道怎样享受生活。在德国，既有天主教传统，又有新教传统，所以这里有着多种多样的节日、习俗和庆祝活动，其中的一些还相当热闹。要知道许多流行的圣诞传统，如圣诞树、圣诞装饰品和圣诞卡实际上都是由维多利亚女王的丈夫——阿尔伯特亲王（德国人）引入英国的。

## 全国性节日与宗教节日

就主要全国性节日而言，各州有各州的规定。德国总共有十大国家公共假期（下文中用“*”表示），其他的节日仅在少数几个以天主教为主的州举行庆祝活动。五月的第二个周日是母亲节，但不是公共假日。

## 主要节日

| 日期 | 德国节日 | 英文名称 |
|---|---|---|
| 1月1日 | Neujahrstag | 元旦* |
| 1月6日 | Heilige Drei Könige | 主显节（仅巴登-符腾堡、巴伐利亚州和萨克森-安哈尔特州庆祝此节） |
| 3月/4月 | Karfreitag | 耶稣受难日* |
| 3月/4月 | Ostersonntag | 复活节星期日 |
| 3月/4月 | Ostermontag | 复活节星期一* |
| 5月1日 | Tag der Arbeit | 劳动节/五一节* |
| 5月/6月 | Christi Himmelfahrtstag | 耶稣升天节*/父亲节* |
| 5月/6月 | Pfingstmontag | 圣灵降临节后的星期一* |
| 5月/6月 | Fronleichnam | 基督圣体节（仅巴登-符腾堡、巴伐利亚州、黑森、北莱茵-威斯特法伦、莱茵兰-普法尔茨州和萨尔兰庆祝该节） |
| 8月15日 | Mariä Himmelfahrt | 圣母升天节 |
| 10月3日 | Tag der Deutschen Einheit | 德国统一日* |
| 10月31日 | Reformationstag | 宗教改革纪念日（仅新教区庆祝该节） |
| 11月 | Allerheiligen | 万圣节（仅天主教地区庆祝该节） |
| 11月 | Busz- und Bettag | 祈祷与赎罪日 |
| 12月24日 | Weihnachtsabend | 圣诞前夜 |
| 12月25日 | Weihnachtstag | 圣诞节* |
| 12月26日 | Zweiter Weihnachtsfeiertag | 圣史蒂芬节（节礼日）* |

## 圣 诞 节

圣诞节是每年都要过的主要节日。12月25日是庆祝耶稣基督出生的日子，在此之前数周，市中心就设置圣诞集市，售卖节日装饰品、食品和葡萄酒。这些受到团体旅游市场的欢迎，从英国、法国、比利时和意大利来的旅游团常常齐聚德国各个市镇，尽情享受圣诞前夕的喜庆气氛。这些集市中最有名的是纽伦堡（德语作Nürnberg）的传统圣诞集市（德语作Christkindlemarkt）。在圣诞集市上，您可以买到热红酒（德语作Glühwein）、姜饼（德语作Lebkuchen）和史多伦——一种辣味圣诞蛋糕。合唱团和军乐队还会奏唱圣诞颂歌。

圣诞节前1个月是“降临节时期”，在这段时间里忠实的信徒们做好迎接圣诞节的心理准备，孩子们则开始使用他们的“降临节日历”（德语作Adventskalender）。日历上有些纸折的小门，打开小门是有关圣诞节的图片，每张图片都在向孩子们讲述关于圣诞节的故事。在迎接圣诞

节的这段日子里，孩子们每天都新打开一扇“小门”，看看门后画的是什么故事。

德国的一些地方仍然流行自己制作圣诞装饰品。在学校、幼儿园甚至家里，孩子们、老师们和家长们都自己动手制作装饰品，用来布置房间和圣诞树。降临节期间还有另外一个传统，就是降临节花环（德语作Adventskranz），这种花环上面有四根红蜡烛，圣诞节前每个星期日点燃一根。

12月5日，孩子们不脱鞋（干净的）就上床睡觉（也有的地方是不脱袜子）。这天晚上圣诞老人会来。如果是个乖孩子，他就留下糖果，如果不听话，他就留下小树枝。12月6日这天，有些地方会有人装扮成圣诞老人到学校和幼儿园去，孩子们唱歌欢迎他，如果他们一年都表现不错，就会得到糖果、坚果、橘子和苹果。圣诞老人后面还跟着一位小助手，手里拿着桦木条和一个麻袋，把调皮的孩子装走！

在德国，12月24日，也就是圣诞节前夜，是全家人庆祝圣诞节的时间。商店和公司会在这天中午关门，一家人坐在一起吃个便饭，然后围坐在圣诞树旁互换礼物。礼物是谁送的呢？在德国北部是圣诞老人（德语作Weihnachtsmann），而在德国南部则是圣婴天使（德语作Christkind）。按照传统，各家各户都要在圣诞前夜去做子夜弥撒。

相比之下，圣诞节是一个走出去的节日，各家各户相互走访，年轻人在一起做做运动或出去滑雪。这与英国的节礼日相似。顺便说一句，德国传统的圣诞大餐不吃火鸡，而是吃烤鹅，外加土豆或饺子和紫甘蓝。

## 元　　旦

12月31日是新年前夜，而1月1日的元旦这天是公共假日。到处都能看到人们手拿香槟，燃放烟花的热闹场面。教堂的钟声响起迎接新年的到来。有些地方，人们会把滚热的铅水倒入冷水中，根据形成的奇异形状来预测未来。

大家还可能会交换护身符，护身符有白色的，也有巧克力色的，造型各异，有马蹄铁形的，有瓢虫形的，有四叶草形的，甚至还有烟囱清扫工和小猪形的。

## 主 显 节

1月6日是主显节，庆祝三位国王到马厩里朝见刚刚出生的耶稣基督。德语里这个节日叫作“Heilige Drei Könige”（三圣君）。这一天，小孩子和小伙子们会把自己装扮成三贤士的模样，挨家挨户地为慈善机构募集钱财，他们通常会收到糖果作为酬劳。顺便说一句，您可能在有些房子的门廊里看到粉笔写的三个大写字母“CMB”，这是一句拉丁语的缩写，意思是“基督保佑我家”，表明这家人已经捐出财物给Sternsinger-Aktion。主显节募捐是德国最成功的慈善活动，每年各地方教堂的年轻人可以为贫困国家的孩子们筹集数百万欧元的善款。

## 狂 欢 节

德国天主教地区会庆祝圣灰星期三，这一天标志着“大斋节”的开始，大斋节期间人们要斋戒并忏悔，直到复活节才结束。很多城镇和乡村会在圣灰星期三之前的星期天和星期一举行“狂欢节”（德语作Karneval）。节日的准备工作在好几个月前就开始了。11月11日（圣马丁节）的上午11点11分，节日正式拉开帷幕。

狂欢节期间，人们纵享欢乐、无拘无束，通常要规规矩矩称呼“Sie”（您）的，这时可以暂时改为“du”（你）。公司、学校和各家各户，到处都在举行各种各样的派对聚会。人们穿上奇奇怪怪的服装，在大城市里还会有大型街道游行活动。

欢庆活动在圣灰星期三前两天的玫瑰星期一（德语作Rosenmontag）达到最高潮。这天要进行重要的狂欢节巡游活动，由狂欢节“王子”和“公主”主持巡游。周二的斋戒之夜（德语作Fastnacht）是狂欢节的最后一天，这天并不斋戒，而是举行庆祝活动和饕餮盛宴，跟英美等国家的忏悔星期二差不多。女人狂欢节（德语作Weiberfastnacht）在玫瑰星期一之前的那个星期四。这一天是女人的天下，只要她们看见有男人打着领带，她们就可以上前把他的领带剪断。她们真的会这样做，所以要是您这个时候去德国，一定想着系一条旧领带！

在慕尼黑，狂欢节被称为“Fashing”，又叫作“Fastnacht”“Fasnet”和“Fosnat”。杜塞尔多夫、美因茨，尤其是科隆搞的庆祝活动规模最大、最热闹。

## 复 活 节

复活节有复活节的传统。这一天人们把煮熟的鸡蛋涂上五彩缤纷的颜色，再让复活节兔子把这些彩蛋藏起来让孩子们找。柏林南部的索布人就因绘制绚丽多彩的复活节彩蛋而闻名于世。人们

互相交换用巧克力制作的复活节彩蛋或巧克力小兔子。有花园的人家会在花园里放上光秃秃的树枝，并用复活节之花和其他装饰品来装扮这些树枝。复活节兔子源自一种庆祝春天到来的异教节日，漫漫严冬过后，春回大地、生机勃发，此刻人们欢聚一起庆祝万物复苏。

而复活节礼拜则源自耶稣基督受刑并神奇复活的故事。耶稣受难日这天教堂里空无一人；所有圣人雕像都用黑布蒙起来，只有教堂墙壁四周描绘基督在十字架上受难死去的“苦路十二处”不会盖起来，它们有的是画上去的，有的是浮雕，有的是雕塑。每一处前都要进行祷告仪式，但是没有鲜花和任何装饰品。星期六这天教堂关闭，只接受个人祷告，这是为了记住基督被埋于坟墓中的时间。到了复活节这天，也就是星期天，所有覆盖都会被取下，教堂里摆满蜡烛和鲜花，人们来到这里做弥撒以庆祝基督重生。

德国的巴洛克式教堂里色彩绚烂夺目，任何时候去参观都会给您带来美的享受，但在复活节的时候去，您会发现它们是如此动人心魄、光芒四射。

## 其他宗教节日

在很多圣人节日里，人们都会这样装扮一番，举行庆祝活动，特别是农村地区的人们更是如此。在11月的圣马丁节，孩子们会提着纸灯笼走街串巷。天主教地区在基督圣体节（圣三主日后的星期四）这天举行游行，搭建装饰户外圣坛。

## 非宗教节日

在非宗教庆典活动中，也有装饰传统。比如，新房子快盖好时要举行封顶仪式（德语作Richtfest），人们把鲜花、彩带和绿植贴在横梁上，然后再把屋顶盖上。按照传统，房主要开桶啤酒，还要端上各种小吃招待大家。

小学开学的第一天，父母要送给孩子一个“入学大礼包”，这种礼包呈锥形结构，用纸板做成，里面装满了糖果、钢笔、玩具和图书，寓意孩子在新学期里学业顺利。有些礼包都能赶上孩子那么高了。

## 慕尼黑啤酒节

以慕尼黑为中心的啤酒节实际上是一个啤酒和葡萄酒丰收的节日。该节从9月末到10月的第一个星期天，一共持续16天，是欧洲最大的民间节日。它起源于巴伐利亚的王储路德维希与萨克森王国的特雷泽公主的结婚盛典。在大婚典礼期间，人们在特雷西亚草坪搭建起巨大的帐篷，一起坐在里面畅饮啤酒和葡萄酒。啤酒节时，男人们穿皮裤（德语作Lederhosen），女人们穿紧身宽裙（德语作Dirndl），人们还会举行盛装大游行（德语作Trachtenfest），游行中会看到夏尔马拉着啤酒车缓缓前进。

## 年度交易会

德国一项重要传统就是年度交易会（德语作Messe），要么是贸易展销会，要么是手工艺品展销会。这种交易会源自以农产品交易为主的传统乡村集市，由于某些地区盛产某种产品，所以就吸引了附近众多商贩前来进行交易。在许多城市仍有一周一次的农产品市场，汉堡的鱼市就十分有名。

德国很多大城市都建有会展大厅（德语作Messehalle），有些最大型的展销会属国际盛事，比如10月的“法兰克福书展”，还有3月的“汉诺威电脑展”。

对于德国人而言，他们聚拢在一起形成集体的一个重要原因就是对共同或共享利益的追求。纵观德国历史，我们会发现在孤立无援的城邦和州之间建立或重新建立联盟后，总能让它们获得更多的安全保障。我们前面已经讲过一个这样的联盟——汉萨联盟，它负责领导北海和波罗的海的各个沿海港口，协调港口的商业贸易活动。

## 家庭聚会

### 生　日

在德国，要是一个人过生日，他/她常常会把蛋糕或糖果带到办公室与大家一同庆祝；要是在家里过，他/她就会一天都不关门，所有来给他/她过生日的客人都会受到款待。作为客人，见到寿星后跟他/她握握手，说些恭贺之词就可以了，不过还是要带点小礼物或鲜花之类的。请注意，千万不要在别人过生日之前就把礼物给他/她，这样做不吉利。

### 婚　礼

您或许听说过西方传统的单身派对，就是准新郎和准新娘在婚礼前夕分别跟各自的同性朋友共度最后的自由之夜，但在德国没有这种传统。与之相反，小两口会跟朋友们一起搞个“闹婚之夜”（德语作Polterabend），大家欢聚一堂，好好热闹一番，其中最大亮点就是摔碎瓷器。这可不是说要把饭馆餐厅砸个稀烂，而是人们特意收集些瓷器，就为这个时候来个“碎碎平安”。

在婚礼当天，仪式举行之前，新娘可能会被新郎的朋友们“掳

走”一小会。有一件事要记清楚，结婚戒指要戴在右手无名指上，而订婚戒指则戴在左手无名指上。

### 合家团聚

对于英美等国家大多数人来说，感恩节或圣诞节是一家老小团聚的时刻。而德国的圣诞节前夜实际上只有直系亲属在一起，所以一年才能有一两次合家团聚（德语作Familientreffen）就成了大家相互碰面、联络感情的重要日子。

## 历史庆典

德国诸多生活乐趣之一就是庆典历史事件。在夏季，一路沿莱茵河下来，您可以参加各种声光晚会（德语作sonet lumière，就是用声光效果来演示历史遗迹的掌故）和烟火表演，告诉您这般雄伟的一个城堡是怎样被洗劫一空，又是怎样被付之一炬的。一败涂地跟大战告捷一样值得庆贺！您还可以去看看重大的耶稣拯救人类的庆典，比如上阿莫高上演的耶稣受难复活剧，这些庆典更

加盛大隆重。

上阿莫高是一个奇迹。1634年，巴伐利亚的上阿莫高村瘟疫肆虐。村民们向上帝祈祷，并发誓只要他们能幸免于难，他们就每隔10年表演一次耶稣受难复活剧。最后，他们真的活下来了，并履行了誓言，从此每隔10年上阿莫高就会上演一次耶稣受难复活剧（除战争年代外），而且这已成为一大文化盛事。剧中所有角色均由村民扮演，天天都有演出，直到为期5天的节日结束。这是对上阿莫高历史的颂歌，既不同凡响，又令人感动，祖祖辈辈从未间断，既让人们品味到戏剧的魅力，又表达了对耶稣基督的颂扬。

## 德国宗教

德国没有国教，但是差不多70%的德国人信奉基督教，而这其中又大约有一半是新教教徒，另一半是罗马天主教教徒。德国人或多或少地要比其他欧洲人虔诚，但是国家还是会对教会的某些慈善事业进行资助，资助形式是强制收取“教堂税”（德语作Kirchensteuer），巴伐利亚州和巴登–符腾堡地区收取宗教人群（即常做礼拜的人）个人收入的8%，而其他地区则收取9%。这样一来，不论您在宗教调查表里填的什么，即使您可能不常去教堂做礼拜，您也有义务交税。

基督教在德国根深蒂固。公元800年，查理曼大帝加冕为神圣罗马皇帝时命令德国人必须信奉基督教，过去，德国各联邦与罗马关系密切，这就更加巩固了基督教的地位。德国东北部还出现过一支最著名的基督教军事队伍——条顿骑士团，他们进行十字军东征，劝说波罗的海地区的异教徒们改信基督教。他们取得了巨大成功，以至于很多骑士从欧洲各地赶来参加他们这项运动。1525年，骑士团大团长改信新教，骑士团随即解散。

1517年，马丁·路德在威腾伯格的一所教堂门上钉了一颗钉子，开启了宗教改革的历程，以反抗天主教会的荒淫无度。自此，德国人彻底改信新教。后来，神圣罗马皇帝和部分以新教为主的联邦打响了“三十年战争”，德国南部各州宣称他们效忠罗马，于是，从那以后这一地区的宗教就以天主教为主了。

神圣罗马皇帝政府具有宗教和世俗双重身份，他们效忠皇帝，并为捍卫教会利益而战。到“三十年战争”时期神圣罗马皇帝不再是选举产生，而是由哈布斯堡皇室世袭。因此，帝国的范围主要在奥地利、匈牙利、波西米亚和欧洲东南部哈布斯堡皇室领土，直至1806年神圣罗马帝国被废除。神圣罗马帝国具有重要的历史意义，而且充满神秘色彩，它与古老的罗马帝国联系紧密，它信奉天主教，效忠罗马的红衣主教。然而，与奥地利截然相反，16世纪以后德国大部分地区的执政当局毫无建树。

第四章

# 交　友

## 工作与社交生活

英语国家的人常常把工作和社交混为一谈，他们在鸡尾酒会上谈论工作，或者请同事一起参加自己的社交活动。而在德国，即便在前些年也不会有这种事发生，他们把工作和社交生活分得清清楚楚，人们甚至认为在工作时谈论私人生活，或在社交环境中讨论公务，都是十分不妥的行为。在德国公司里，一起工作25年的同事从来不会彼此之间直呼其名，或使用人称代词“du”（“您”的亲昵称呼），而且他们对彼此的私人生活几乎完全不了解，这让在此工作的英美人士十分惊讶。还好如今情况有所改观，但是并未彻底改变，尤其是老一辈人还像过去一样。对于那些习惯在工作中结交朋友，甚至发展办公室恋情的人来说，可能会不喜欢这种清楚划分工作和社交生活界限的做法，但是在德国人看来，这是自然而然的事。原因很简单，他们的思维方式跟我们不一样。

友谊对德国人来说是件十分特别的东西，他们不会轻易用这个词。多数德国人都有一个小小的朋友圈，在这个圈子里大家的关系十分紧密，同时，他们还会有一个更为广泛的人际关系网，在这个网络中，大家只是彼此认识，比较熟悉而已。德国人的友谊多是在上学时建立的，所以具有很强的地方局限性。英美人士往往朋友更多一些，但是关系通常不太牢靠。德国人的友谊需要更长的时间才能建立起来，但是友情一旦建立，双方的关系会相对更加密切，而且终生不变。因此，到德国来的游客一定要知道德国人不会随随便便交朋友，更不会在工作中交朋友；还要记住德国人的私人生活和公共生活分得清清楚楚，不容混淆。

那么，在哪里才能结识德国人，又该怎样与他们交朋友呢？德国人上班时工作很努力，但是下班后也很会玩，而且很多德国人身材很好，所以参加运动俱乐部和休闲活动是很多德国人重要的生活方式。园艺十分盛行，住在城市公寓楼里的人们十分热衷培育自己的私人花园（德语作Schrebergarten）。德国到处都有郊游路径，其中有指定的健身区和慢跑散步通道。即便是星期天下午的散步（德语作Sonntagsspaziergang）也很

受德国人重视。夏天有足球、露天剧场等很多户外活动。在公园和树林甚至还有烧烤点（德语作Grillplätze），亲朋好友可以在这里举办烧烤晚会。

德国的工作时间是从上午9点到下午5点，但是多数人会提前到达工作岗位，午餐时间很短（有的仅有半小时），而且都是在公司食堂解决。下午4点，公司总机关闭，到了5点，人们会立刻下班离开单位。德国的工作时间严格遵守欧洲工作时间指令，该指令规定一周的工作时间为40小时，而且绝对不能超过48小时。一份2013年颁布的部门指令规定，公务员不得在周末时间工作或查阅工作邮箱，为的就是保障他们充分休息，恢复精力。

德国人爱旅游，而且他们的休假时间很长，于是他们就更喜欢出去旅游啦。多数公司规定休假时间为25到30天，有的还会更长。

## 寒暄问候

在德国，分辨是密友还是一般熟人只要看他们的问候语就知道了。英美等国家的人越来越习惯使用非正式的问候方式，比如挥挥手、点点头，随便一点说声“嗨”，从一开始就直呼对方名字。所以，有必要了解一下德国人现在的问候方式仍然十分讲究。见面和分手都要握手，称呼对方姓氏并加上头衔，这是最基本的。在商务场合中，不仅要说出对方的头衔，还要多个头衔一起说出来，在过去这么做非常必要。例如，“教授、双料博士施密特先生”，这人可能既是一位教授，又同时拥有两个博士头衔。与人见面时，先使用正式称谓，如果您不太确定，可以先问问对方该怎么称呼。您会发现年轻的德国人不太在乎这些繁文缛节，越来越多的人见面握握手就完事儿了。

判断一个人该如何称呼，关键是看这个人的受尊敬程度。德国人十分看重这一点，所以请一定要加以重视。美国人以及越来越多的英国人，他们的目的就是尽快发展到使用非正式称谓的阶段。而德国人建立某种关系时则更喜欢较为正式的称谓，而且这种状态维持的时间要长得多。

## 你和您

跟其他的欧洲语言一样，德语中的“你”不仅有单复数的区分，还有正式与非正式的差别。非正式的“你”是“du”，只能用于家人和亲密朋友之间，对于其他人则要用“您”（Sie）。英语中没有这种区分，所以说英语的人在说德语时，动不动就冒出个非正式的“du”来。在德国，这是绝对不可以的。要是您对某人直呼其名，说话还总是“你”怎样“你”怎样的，会被人看成粗鲁和放肆的行为。但是，在学生中间以及某些国际公司里，尤其是以英语为沟通语言的公司，人们已经接受直呼其名，甚至用“du”来称呼彼此。要是您不确定，请还是称呼“Sie”和对方姓氏。

但在另一方面，如果有外国人在场，德国人会很好地在正式与非正式方式之间来回转换。在他们谈话时，他们会使用正式用语和姓氏，但是在称呼外国人时，他们很乐意直呼其名，甚至使用相对亲昵的“du”。

**逆向文化震荡**

罗莎在英国工作生活4年后回到德国。与德国相比，英国的各种礼节规矩要少很多。几周后，一位工作中比较亲密的同事提出，在她们之间把较正式的“Sie”改为不太正式的“du”。罗莎拒绝了，她认为她们认识时间还不够长，但是她自己也感到吃惊，出国4年“Sie”的习惯还是如此根深蒂固。

## 商店问候语

虽然德国人有着如此多的礼节，但是在西部，当人们进入商店时还是习惯性地问候所有人 “日安”（德语作Guten Tag），在巴伐利亚，人们说“上帝欢迎您”（德语作Grüss Gott）。离开商店时，他们说“再见”（德语作Auf Wiedersehen），您也要这么说才对。

## 对外国人的态度

整体来说，德国人对待外国人的态度还算是友好热情，特别是对待外国游客和公务人员。但是，要是您能用德语跟他们打招呼，他们还是会非常开心的，即使您说错了，他们也会热情地回应您。如果您用英语问“您会说英语吗”，对方可能反应冷淡，但是如果您能用德语问“Entschuldigen Sie bitte， Sprechen Sie Englisch”（请问，您会说英语吗），对方可能会用英语积极地回应您。

可能一定程度上受到历史影响，如今的德国人大都彬彬有礼、坦率正直，而且谨言慎行，不让外国人受到民族主义或暴力侵犯的影响。但是，偶尔也会有心怀不满的年轻人针对外籍劳工爆发的小规模袭击事件，以及公然悬挂右翼或纳粹标语的事件，这些行为不仅遭到多数外国人的反对，大多数德国民众也不支持。

## 参加俱乐部

在德国，结交新朋友的最好途径就是参加俱乐部。

德国人喜欢用这种方式来搞搞业余爱好。您可以看看自己的爱好是什么，然后加入一个适合自己的俱乐部。当地市政厅或图书馆都有俱乐部清单。在主要城市，侨民团体还会有他们自己的俱乐部，既为外国人服务，又可接待德国人。有大使俱乐部、美国男女士俱乐部、英法俱乐部、国际男女士俱乐部、吉娃尼斯俱乐部、名流俱乐部和扶轮社，您还可以参加国际演讲俱乐部。学习德语也能结交不少朋友，只不过不是德国朋友。地方成教学院学费最低，德语里叫作“Volkshochschule”，即“业余大学”。

## 受邀到家中做客

德国人不是特别喜欢在家接待朋友，所以受邀到德国人家中做客是件很荣幸的事，千万不要推脱。晚到10—15分钟是可以的，但是不要再晚了。提前到达也不妥当。跟英美等国家的人不同，德国人不会带您参观他们的房子，但是为了迎接您的到来，他们已经把房子的里里外外都打扫得干干净净，摆上了最好的瓷器和餐具，购买制作了各种美味佳肴。

### 宴　请

跟所有国家一样，德国也有各种宴请礼仪。他们可能邀请您在星期六或星期天下午4点左右去喝咖啡吃点心（德语作Kaffee und Kuchen）。大家坐在一起喝着茶或咖啡，吃着德式糕点，悠然自得、谈笑风生，一待就是两三个钟头。

晚宴时间可能比您预期的要早些，晚上6点半或7点是常有的，您应当准时到达。另一方面，晚饭吃完后不能太早离开，11点走最好。用餐期间一般会敬酒。不要端起酒杯来就喝，要等到第一轮敬酒后再喝。饮酒时，要高举酒杯，正视大家，在欢乐畅饮的时候也不要忘了礼仪。如果您喝的是葡萄酒，那么祝酒词说“Zum wohl”，喝啤酒则说“Prost”（都是“祝健康”的意思）。

吃完饭后，客人们围坐一起闲谈聊天，德语里管这叫“Unterhaltung”，即对话娱乐，这是晚上的重要活动。如果是请您晚上8点半去，那可能不是去吃饭，而是享用餐后咖啡和起司。

顺便说一句，坐下来吃午饭时，人们可能会对您说“Mahlzeit”（原本是“gesegnete mahlzeit”，意思是幸福的一餐），就是祝您用餐愉快。正确的应答是“Mahlzeit”或“Danke”（谢谢您）。

## 馈赠礼物

很多国家送礼时有复杂的礼节，但是德国没有。同事之间是不送礼的，办公室里也不会出现“神秘圣诞老人”送的贺卡或礼物。在开展业务时，为使生意顺利进行，双方会互赠礼品，但是不能印上公司徽标，也不宜送香水或珠宝等私密性的礼品，这些东西是送给家人和密友的。德国人还迷信送礼不能送带尖儿的东西。

如果您受邀到德国人家里做客，最好给男女主人带点礼物。要是您的葡萄酒真的很特别，那么只带瓶酒就行了。德国人很懂葡萄酒，而且有很多上好的酒窖。优质巧克力和鲜花也是可以的，但是不要送百合和菊花（因为这两种花是用在葬礼上的），也不要送红玫瑰（因为这种花是送给情人的）。德国人喜欢单数，不过6和12也可以，13虽是单数，却被认为是不吉利的。德国城市里有各种大大小小的花店，他们会十分乐意告诉您什么场合该送什么花，以及该送多少枝。给德国人送花还有一个规矩，即在把鲜花送给男女主人之前，您要在门厅桌子上把包装去掉！或许更简单更环保的方法是不要包装，直接把花用绳子一捆就行了。

再来说说礼品包装。德国人讲究包装整齐，如果您不太在行，还是请商店服务员来做这件事吧。另外，不要用不可降解材料来包礼物，因为德国人环保意识很强。

## 观其行，知其人

在中欧以及德国和奥地利部分地区仍然存在一些社会风俗，在说英语的国家里已经几乎看不到了。比如，重要人士或者女士、老人进入房间时，大家起立以示尊重。在进入酒吧或餐馆时，男士要走在女士前面，帮她拿外套，为她开门；在户外时，要走在女士左边，或靠路边走。这样的场景难得一见，但如果您遇上了，请不要认为这是故作矫情，应把它当成是一种旧式礼节，好好欣赏欣赏。

第五章

# 居家图景

有件事很奇怪，一般我们认为德国人严肃耿直，做事有条有理，甚至有些呆板，但是当他们回到家，马上就变得悠闲自在、热情好客。每一位去过德国的游客都能证明，德国人之所以把公务和私人生活分得那么清楚，就是因为他们在家里变得活泼可爱，待客慷慨大方，既随和又风趣。为什么德国人会有这种自相矛盾的表现呢？

## 故乡情

德国人有很强的地域归属感，这一点跟美国人差不多，比英国人稍逊一筹，但跟其他欧洲国家的人是一样的。他们深深眷恋自己的故乡（德语作Heimat）。这是他们父母居住的地方，也是养育他们长大成人的地方，他们亲密的朋友就生活在这里，或许他们的妻子丈夫，以及双方亲人都来自这片热土。

德国人过了30岁就不会像英美等国家的人那样为了工

作到处颠簸了。他们宁愿在家乡找份工作，这样可以离家人近些。所以，当一家德国保险业的龙头企业将它的客服中心从45个减少至5个时，员工重新安置成了大麻烦，客服中心的很多职工宁愿自动离职，也不愿为了保住工作而离开家乡。

**回家**

阿奇姆和康斯坦斯是一对典型的德国小夫妻，他们从小在美因茨市附近的山坡上长大，在那里可以远眺美丽的莱茵河。康斯坦斯的父母依然在那里种植葡萄园。小两口都在美因茨上班，为公司业务他们经常被派往世界各地，而且他们也很喜欢旅行。不过，最后他们还是想回到家乡，定居在美因茨。他们希望自己的孩子也能保留这种对家乡的归属感。

德国每个地方的人都有着独特而浓郁的地方特色。莱茵兰人因其慷慨大方而闻名；斯图加特附近的土瓦本人则是德国的“苏格兰人”，是对是错暂且不论，大家印象中这里的人都很节俭；东部梅克伦堡的居民则喜欢沉默寡言；巴伐利亚人最悠闲自在、无拘无束。

德国的房屋自有率不及欧洲其他国家，仅有约43%的德国人拥有自己的住房。多数人租房子住，他们在住宿上花费为净收入的25%—33%。租户享有强大的法律保障后盾，所以房东对房客特别挑剔。

德国人的住宅和公寓设备齐全，他们为自己的房子而自豪。由于这种“爱屋”之情，德国人对房子周围的环境也很重视。法律规定，房屋主人应保持邻近人行道的干净整洁，定期清扫，不得有积雪。而住公寓的人通常是安排

轮流值日，打扫楼内卫生。

在很多家务事上也体现了这种社区意识。其中之一就是公共洗衣设备的使用。一些公寓楼的地下室里放有公共洗衣机和甩干机，供楼内住户轮流使用。虽然不少住户已经自己买了洗衣设备，但是如果没有轮到您，而您却想使用地下室设备和洗衣机，那您得先跟其他住户商量才行。

**公共生活**

社会意识深深扎根于德国人的家庭生活中，并对方方面面都产生影响，例如制造噪音和丢垃圾。德国有强制规定，在星期一至星期六的下午1点到3点，以及晚上10点到次日上午7点，还有星期天全天，所有居民必须保持安静。在星期天，您不能修整草坪、不能洗车、不能喧哗。根据法律，如果您把车停在大街上，您甚至不能洗车。法律还规定，晚上10点以后您不得发出太大噪音影响邻居，比如大声放音乐或使用机械设备。要是您这么做了，可就要当心啦。最先找上门的不是邻居，而是邻居叫来的警察。所以，要是您想开派对，最好提前跟邻居说一声。

## 生态意识

德国是最有生态意识的欧洲国家，这主要体现在其垃圾回收和循环利用方面。不同颜色的袋子用来放不同类型的生活垃圾，而且要到指定的市政垃圾收集点购买适用的垃圾袋。有些外国人觉得很难接受德国人的这套制度，而且有些人认为怎么处理垃圾是自己的事，别人无权干涉。最糟糕的是，德国人有着强烈的公共秩序意识，您的邻居可能因为您的错误行为而批评您，垃圾处理人员甚至可能会拒绝拿走放错袋子的垃圾。这个时候，请一定记住“不能与之为敌，就与之为伍”！

在超市里也能看到德国人的生态意识。“自备购物袋”是习惯做法，这里的购物袋可不是塑料袋，而是亚麻布做的袋子。德国人不赞成使用塑料包装，因为它们不能降解，无论在家里还是在公司里，人们都不用塑料包装。

## 居住条件

德国市中心的公寓比较小，英美等国家的住户可能住不惯。很多房子的厨房里会为平时的家庭便饭留出一个小小的角落，要是客人来了，客厅里还有专门待客的用餐区域。每个房间都不大，而且结构很紧凑。当然，也有的房子房间又多又敞亮。巴伐利亚有些19世纪和20世纪早期的传统公寓楼、住宅，以及瑞士小木屋风格的房子，它们的确十分宽敞。

空间狭小可能会对您的生活造成一些限制。比如，您不能把自行车放在走廊里。事实上，您要始终保持走廊里干净整洁，而且还要问问房东，看看他有什么要求。如果您要开派对，请一定跟邻居知会一声；要是条件允许，您可以把他们也请上。对待邻居要彬彬有礼，但是不能过于亲密。既不能打扰别人，也不能过于友好，这一点十分重要。

## 室内陈设

如果您决定短期租住，您就要知道除非另行说明，否则德国的房间里都是无家具设备的。请一定搞清楚租房广告里常用的一些词汇。在德国“无家具设备”就是啥也没有。即将搬走的租客会把灯具配件和水龙头都带走，只留下洗菜盆、浴室设备、灯架（但未必是配件），通常还会留下个炉子。冰箱也是现成的，您不必自己带。从积极的方面看，在您搬进去时，整间房子都是崭新的，有中央供暖，有自来水，等等。

除了为新家置办各种设备，还有另一项开销，即租赁公司通常会要求您押上三个月的租金，但是他们也会确保做好所有工作，并且考虑到所有法律问题（在德国，这些可能会相当复杂）。您还要另交押金（德语作Kaution），数额与三个月的租金差不多，不过在您退租时，他们会如数退还。

此外，房东还会收取“公用设施费”（德语作Nebenkosten），包括取暖费。但是，您还要自行承担煤气费、电费（登记单位为市发电所，德语作Stadtwerke）和电话费（德语作Telekom）。就信用方面而言，德国十分注重保护租房人的权益，要是您通过中介找的房子，那么中介服务中就会包括法律法规方面的内容。还有件事情很重要，请一定别忘了：当您退房时，一定满足房东提出的合法要求，并注销所有公共服务项目。否则会给您接下来的德国之行增添很多麻烦，影响您的心情。

公寓楼里的集中供暖可能是中央控制的，但是您自己屋里也有独立开关。因为德国天气寒冷，所以很多房子的玻璃窗都有很好的保温功能。

美国人常常抱怨欧洲冰箱太小。您要么自己带一台西屋冰箱，要么就做好心理准备，德国的冰箱要小很多。好处是德国人经常购物买吃的，而不是一周去一次超市往家里搬各种食品，所以他们很可能有两台冰箱，一台冷冻，一台保鲜。

## 家 用 电 器

德国采用公制单位，也就是说，英美等国家的家用电器不适用于德国的电器系统，或者您视如珍宝的餐桌可能根本放不进您小巧的起居室/餐厅中。很多住在德国的外国人更喜欢在当地购买，走的时候再卖掉。尤其是定制的床单被罩，因为其他国家（特别是美国）的床和德国的规格不一样。

德国插头是双相、230伏、50赫兹。他们也使用PALB制式电视机。对英国人来说，可能只是插头的问题；而美国人用电都是110伏、60赫兹，电视也是NTSC制式的，所以他们得带转接器，还得从当地买电视机。请记住美国DVD与欧洲机器不兼容，除非安装特别芯片。电脑应该有适配器，但是动身前最好先检查一下。

**现金支付还是刷卡**

虽然德国上下都能使用信用卡和借记卡，但是德国人自己还是更喜欢用现金支付，即便数额相当巨大，他们也不愿刷卡。很多人说这样可以更清楚地掌握自己的资金状况，并且知道把钱都花在了什么地方。

## 身份证件

德国人走到哪里，身份证就带到哪里，孩子入学登记、图书馆借书登记，以及所有需要登记的地方都要用到身份证。如果您在德国停留时间不超过3个月，那您可以用护照，要是您待的时间更长就要办理居留证（德语作Aufenthaltserlaubnis），并到当地机关办理登记确认（德语作Anmeldebestätigung）。这样可以证明您的居住地与您所述相符，而且所有德国人都有这样的证件。您可以联系“侨民办公室”（德语作Ausländeramt），而且证件办理过程需要一段时间。如果您是美国人，并且在来德国前就已经填写申请表，请一定要在到达德国时把这一情况告知移民局的官员，免得他们给您盖上“无工作资格”的印戳。

# 日常生活与惯例

德国人通常起得很早，6点半到7点他们就起来了，一般在上午8点或8点半到工作单位。全家人会一起吃早饭，如果您住在德国人家里，有必要先问问主人早饭时间，这样您就可以跟他们一起吃了。

英式或美式早餐通常有面包、火腿、起司、酸奶和穆兹利（什锦饭），还有常吃的玉米片，但是德国早餐不同，通常是切片火腿、莎乐美肠或香肠，还有半熟鸡蛋（不是油煎的，而是水煮的），以及茶、咖啡、牛奶或橙汁。

多数学校在早上8点上课。德国的学校比美国和英国更有地方性。学生的午餐通常都很简单（三明治和水果）。现在，课后看护机构已经越来越多。

按照德国传统，午餐是一天中的正餐，午餐第一道菜之后，可能还有热的熟肉、鱼肉或蔬菜、土豆、意大利面，然后是沙拉，甜食是蛋糕或水果。

德国的太太们常常会带着孩子一起聚会，享用咖啡和蛋糕。聚会上有咖啡、茶或软饮料，还有各种香糯可口的蛋糕和点心，大家无拘无束，气氛轻松愉快。整个下午唯一要做的事就是聊天叙旧，人们还可能请您去品尝各色美食，而且大多数都是自制的。请接受他们的热情相邀，哪怕只是出于礼貌。很多客人会带些吃的作为礼物（曲奇和酥饼较受欢迎）。

孩子们大概4点钟放学（当然，小学放学更早些），这时他们会吃一顿简单的傍晚加餐，一般是凉的肉制品、鱼肉和起司就着面包或面包卷一起吃。还可能有啤酒、苹果酒、葡萄酒佐餐，有时也喝花草茶。晚餐通常在6点到6点半就开始了，不过，要是有客人要来，晚餐的时间就会推迟到7点半或8点。工作日里，人们上床休息的时间比较早，晚上一般10点半到11点就睡觉。

## 边界意识

德国人的房子跟美国人的不一样，与英国人的更像一些。清清楚楚的边界划分可以保护家园不受外界侵扰。坚固的篱笆和围墙让人心里有种安全感。房子里面也是一样。在有些国家，主人会带领第一次来家里做客的客人在屋子里“转转”，这样可以让彼此放松，不再那么拘谨。您甚至可以问一声“我能帮忙吗”，然后走进厨房与女主人聊天。但在做事较为刻板的德国，这种情况很少见。虽然大家在一起的氛围轻松友好，但客人不能到处走动，即便屋里屋外都打扫得一尘不染、窗明几净，也不可以让外人随便进去参观。

常见的德国住宅或公寓的布置陈列体现了德国人讲

秩序、重界线的意识。一进门，您看到的不是敞亮的客厅，而是一个狭小的封闭走廊。走到头是各个房门，通常情况下，这些门都是关着的。这在一定程度上是一种节约措施，因为德国房子采用单个房间供暖，所以关上房门有利于保温。您应该采取的策略是：除非您和主人的关系够好，否则不要提出到处转转的要求；除非您觉得主人不介意，否则不要贸然进入厨房。您对德国人隐私的尊重换来的是他们对您的尊重和喜爱，那些关着的房门自然就会打开。

## "孩子、厨房、教堂"三点一线（德语作Kinder、Küche、Kirche）

现在人们经常用这句话来调侃德国妇女传统守旧的家庭角色。在其他西方国家，越来越多的妇女在外打拼，她们在职场和家里的角色都发生了翻天覆地的变化。如今，做一名传统式的家庭妇女（德语作Hausfrau），留在家里照顾一家老小，可能只是个别人的习惯，而非人人如此。不过，在这方面德国东西部有着明显差异。原东德地区的妇女曾享受很多国家政策支持，比如免费的幼托机构等，但在重新统一后，这些政策都取消了，所以现在东部妇女的失业率比较高。

人们十分尊重那些放弃工作在家带孩子的妇女。虽然在德国人们对于妇女是否应该从事全职工作的问题仍存在

很大分歧，但还是有很多妇女既要天天在办公室和工厂工作，又要照顾她们的家庭。

## 学校和学校教育

对于所有有孩子的家庭来说，孩子上学问题都是大问题，所以跟您的邻居或朋友聊一聊孩子的教育问题是个很好的主意。德国的小孩从6岁入学，一直上到18岁，但是大多数孩子从3岁就开始上幼儿园了。6到10岁（柏林是到12岁）上小学（德语作Grundschule）。11到12岁或13到14岁，这两年的时间对德国孩子十分重要，因为这是他们的定向阶段（德语作Orientierungsstufe），在进入更加专业的学习之前要对孩子进行评估。

这之后，他们就会进入文法学校（德语作Gymnasium），为18岁的高中毕业会考（德语作Abitur）做准备。大概有35%的在校生会上文法学校，还有20%上实科

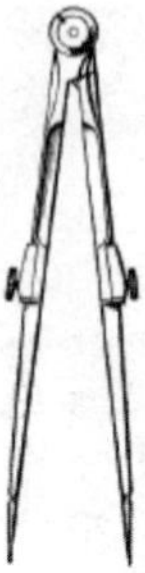

中学（德语作Realschule），这类学校除了核心教育教学，还教授学生很多实务性知识。有的学生会转入文法学校，但多数学生毕业后拿到毕业证，然后进入商学院或职业学院。

另外25%的学生上职业预校（德语作Hauptschule）或普通高中。此类学校也是以核心教育为主，倾向职业化。学生拿到毕业证后可以升入职业学校（德语作Berufsschule）。这一教育体系可以保证学生们既受到良好的普通教育，又掌握就业所需的专业知识，可以为国家源源不断地输送人才。

最后一种中学形式是综合中学（德语作Gesamtschule），此类学校除了学术课程，还教授商业和职业课程，并试图打破因学业和技术能力的划分而造成的社会分层。

德国学校由各联邦州单独管理，所以16个州的教育体系千差万别，学费是全免的。私立学校也有，但是很少。

其他可以选择的学校还有：宗教学校，他们的课程跟州立学校一样，只是更着重各自特殊的价值观；华德福学校，以鲁道夫·斯坦纳的哲学思想为宗旨，着重培养学生的创造性；蒙特梭利学校。

如果您认识有孩子的家庭，请一定记住开学那天可是个大日子，要送“入学大礼包”（德语作Schultüte）。

美国教育与德国教育最大不同之处在于，德国的专业化教育要比美国早得多。从孩子12岁到14岁开始，学校就为他们将来的就业设置课程，而且教育体系管理相当严密，有各种定期的标准化考试对学校教育进行测试。而英美等国家的中小学教育更加“以学生为中心”，对学生进行持续评估，并布置小组课题作业等。德国学生利己主义日趋严重，因此人们呼吁减少教育制度中的定向成分，家长和教育理论家也就此话题展开激烈讨论。

## 电视和广播

居住在欧洲中部的一件幸事就是您可以收看整个欧洲大陆的电视节目。有了德国的卫星电视，您就可以看到德国、西班牙、意大利和土耳其的电视节目，此外还能收看CNN、欧洲体育频道和其他各种国际频道。大多数住宅和公寓楼里都装有卫星信号接收天线。

德国采用PAL-B/G制式，与美国的NTSC和英国的PAL制式不同。如果您的电视是从英国家里带来的，那您可能就会遇到信号传输问题。如前所述，我们建议您在当地购买电视机。

与很多国家的做法不同，德国电视节目说的都是德语。因此，大多数美国电视剧和电影都译制成了德语。要是您不想看德语的《六人行》，您就得买个装置把译制片转换成原始语言。

如果没有卫星接收器或有线电视，就只能看有限的几个台了。有3个公共广播频道、ARD、ZDF和各个地方电视台，这些电视台全国都能接收，有的会重播其他电视台的节目。

在有些国家，人们购买一个许可证就可以收听收看广播电视节目。但是，德国每年的广播和电视的授权费用是分开缴纳的。您可以到德国广播电视收费中心（德语作Gebühreneinzugszentrale，简称GEZ）登记注册。

德国的电视节目或新闻报刊中常常有很暴露的画面。德国人对待性方面的问题一点都不保守，而且还很实事求是。他们反感的不是性而是暴力。因此，有些视频或电影您可能觉得很正常，但德国人却无法接受。而有些节目您可能觉得青少年不宜观看，但德国人却觉得没有问题。

德国有一套观影等级引导制度（德语作Freiwillige Selbstkontrolle），共分五类：非限制级（德语作Ohne alterbeschränkung）、6龄级、12龄级、16龄级、18龄级（德语作ab 6 jahre、ab 12 jahre、ab 16 jahre、ab 18 jahre）。

## 抱　怨

遇到服务态度不好、房租太高或不良行为时，德国人通常会直抒己见，毫无遮掩，对此您要有所准备。如果有人批评您做得不对，那您就得学着脸皮厚一点；反过来，要是您自己总爱抱怨别人，那就要把握分寸，既做到坦率，又不能得罪人。最重要的是，不要抱怨德国人爱抱怨，因为事实并非如此。

**直言不讳**

在深夜的一家德国机场里，有位德国的哥往车里塞了五位乘客，准备把他们送到各自不同的旅馆。他向乘客们解释说，虽然这样挤着有些不舒服，但能快点到达旅馆，总比干等着强。这时，一位德国乘客大声说："这样对您也没什么不好的啊，反正您的车费一分也不少收。"其他非德国乘客默默感叹"德国人就是德国人"，"说话也太直啦"。

即便他所言不假，但其他乘客觉得应该感谢司机师傅能为他们通融一下。然而，德国人从来都是直言不讳，而且德国人总是不明白为什么英国人对那些不足之处总是避而不谈，美国人在一定程度上也和英国人一样。

## 你是常客吗

要是问起家庭的生活中心在哪里，答案将会五花八门。对于多数人来说是起居室，对有些人来说是卧室，还有的是阳台或厨房。对于德国人来说，他们的生活中心是桌子，大家围坐旁边一起聊天的桌子，生活和沟通都离不开这样的桌子。只要时间允许，德国人宁肯坐在桌子边聊天，也不愿看电视。

在外面跟在家里一样。德国的酒吧文化十分兴旺。人们常去啤酒屋和露天的啤酒花园喝酒聚会，有时一大家子都去，他们围着桌边，边喝酒边聊天边唱歌。这是公认的大众聚会场所。

“Stammtisch”这个词，您一定得知道。德国的酒馆和啤酒屋通常会给常客预留桌子。别人要是坐在这样的桌子旁，服务员就会礼貌地将其请走，因为他/她不是“Stammtisch”——常客。在德国人家里，要是您没有舒舒服服坐在起居室沙发里，而是跟大家一起挤在厨房或起居室的桌子边，坐着硬邦邦的椅子，喝着手里的饮料，为一些时事新闻争得面红耳赤，那就是说他们已经不拿您当外人啦。德国人请客吃饭，往往吃完饭一个小时了，大家还坐在那里边喝咖啡或饮料，边谈笑风生，这种事情一点都不奇怪。

## 不断变化的生活方式

您可能听说过这样一个老笑话：在英国和美国，除了明文禁止的，其他的一切事情都是允许的；而在德国，一切没有明文允许的事情都是被禁止的。读完这一章，您就能体会到实际情况确实如此啦。您一定要知道对德国人来说井井有条的社会可以让每个人的生活更加轻松美好、富有成效。因此，为了个人和社会的大局，他们乐意忍受各种限制，即便它们可能会对个人自由产生很大影响。在德国工作生活的外国人很快就能适应这种生活方式，反而回国后，常常抱怨到处是“一团糟”。

然而，在德国情况也有所变化，个人主义日趋严重，对有序社会的反抗也越来越多。跟其他西欧国家一样，未婚同居和单亲家庭的数量显著增加。德国也有合租公寓（德语作Wohngemeinschaften），大家彼此信任而住在同一所房子里。

随着生活方式的改变，人们对待儿童的态度也有变化。现在的学校和父母更注重培养孩子自食其力的能力，还有最重要的是要做有责任感的公民（德语作mündiger Bürger），既要有政治觉悟，又要敢于提出质疑，寻求答案。当今的大学生不太能接受过去的传统教育习惯。从推倒柏林墙的那一代开始，年轻人就一直在冲破祖辈传承下来的各种条条框框，向着更加个性化、更加自由的生活前进。

对于在德国生活或游玩的外国人来说，您遇到的每一位“传统的”德国人都在为冲破社会秩序而抗争，为新思路、新想法、新方式而不断探索搜寻。各种思想的激烈碰撞迸发出璀璨的火花，既惊心动魄又令人振奋。

第六章 &

# 休闲时光

德国人假期时间长，而且国家规定每周工作时间不能超过40小时，有的地方甚至更少，这些都让那里的人们受益匪浅。

整体而言，德国人是不加班的，多数公司下午5点准时关门，公共部门下午4点就下班。如前所述，德国人一年有多达16个国家和地方公共假期，而且跟其他国家一样，要是假期正好是星期四，他们就会连休，星期五也不用上班。

德国人的年假依据是《联邦带薪假日法案》，该法案规定6天工作制的工人应享受24天假期，而5天工作制的工人应享受20天假期 。但是，多数公司每年都有25—30天假期。一般来说，未在给定年份休假的，视同放弃。5月至8月是休假旺季。

疾病和生育补助也不错。妇女生育前有6周的带薪假期，生育后有8周的带薪假期。工人每年可以享受6周全薪病假，甚至可以根据医嘱要求定期去疗养中心（德语作Kur），所以，在德国公司“去疗养”并不稀奇。既然德国人有这么多空闲时间，那么他们会如何度过呢？

## 购　物

德国人逛商店不光是为了买东西，也是为了放松休闲，但是购物习惯已经跟从前不同了。现在的德国人喜欢

网购，这一点仅次于美国人。过去人们习惯去专营店买东西，现在很多人钟情于家庭购物，而且更加依赖阿尔迪和里德尔之类的超市。

多数城镇每周都赶集，一般当地报纸上会提前登广告，集市设在镇中心，在集上，您可以买到鲜花，还有新鲜的肉类、鱼类和各种蔬菜。但是，跟法国或意大利不同，在这里买水果不能挑，也不能捏来捏去。

您可以想见，德国人购物时一定是井然有序，排好队等着一个个结账。让很多外国人奇怪的是，即便是普通商店而不是超市或百货商场，在德国人眼中也是公共空间，要跟进来的每个人打招呼，一般要说“早安”（德语作Guten Morgen）或“日安”（Guten Tag），在南方则要说“欢迎上帝”（德语作Grüss Gott）。因为您是外国人，他们并不指望您也这么说，但要是您觉得已经是他们的一分子了，您也可以这么说，这样让您在邻居们眼里更加友好亲切。

| |
|---|
| **面包房（德语作Bäckerei）**<br>新鲜的面包、面包卷、椒盐脆饼干和披萨。<br>通常早上很早就开门。 |
| **肉店（德语作Metzgerei或Fleischerei）**<br>新鲜的生熟肉制品和香肠。 |
| **杂货店（德语作Lebensmittelgeschäft）**<br>各种杂货。 |

（续表）

| |
|---|
| **水果蔬菜店（德语作Obst- und Gemüseladen）**<br>各类水果和蔬菜。 |
| **药店（德语作Apotheke）**<br>售卖药剂制品的商店有两种，一种叫"Drogerie"，卖化妆品和卫生用品；另一种是"Apotheke"，有药剂师，出售药品。药剂师可以配药，而且周末倒班，以防有人需要开紧急处方。 |

德国人注重货真价实，就连钱也不能找错，而且会一遍遍问他们买到的跟他们想要的是不是完全一样，钱是不是找对了。这可能需要花点时间。商品的标价中已经包含课税。

## 星期日停业

工作日期间，商店是早上8点或9点左右开门营业，晚上8点左右打烊，周末商店停业，这让很多游客觉得奇怪。星期六，商店可以营业到晚上6点，但是也可以提前打烊。而星期天，不仅商店，还有大城市内外的各个超市也要停业。但是，面包店可以开几个小时的门，因为德国人的早餐特别爱吃新鲜的面包卷。另外，唯一在星期天开门的商店是24小时营业的加油站。圣诞节前四天，晚上6点以后商店就要打烊。

# 银　行

德国银行早上8点半开门，下午4点关门，有些银行每逢星期四会一直营业至下午5点半。有些小型银行有午休时间，中午1点到2点半关门。星期六银行都不营业。

德国已经加入欧元区，过去的德国马克已经在1999年换成了欧元。但是，其他传统没有改变。德国人仍然喜欢用现金支付，甚至有的餐馆和商店还不能用信用卡结账。一位英国经理曾说过，他在英国一个月用的支票够在德国用一年。大多数德国人有一个转账账户（德语作Girokonto）和一个储蓄账户（德语作Sparkonoto）。上门服务的清洁工、快递员或维修工可能把写着转账号码的账单给您，要求您直接把钱打到他们的账户上。像租金这样需要定期支付的就使用定期支付指令（德语作Daueraufträge）；水电费用直接借记（德语作Lastschriftverfahren）；一次性付款则可以通过汇款（德语作Überweisung）形式支付。现在有越来越多的人使用网上银行。

德国人一般不用个人支票。他们即便用塑料卡片，那也是借记卡而不是信用卡，因为德国人不喜欢欠钱，他们习惯用自己的钱买东西，要是没钱，他们就先不买，什么时候有钱了再买。城市里到处都有ATM机（德语作Geldautomaten），可使用的卡型有Cirrus、Visa和Plus卡。

## 餐馆、美食和美酒

除了意大利，到哪里还能吃到最正宗的意大利菜呢？不如到法兰克福或者美因茨看看吧。德国很多大城市都已经成为各国美食交会的中心，这多亏了德国人游历广泛，而且对异域美食的兴趣颇为浓厚。然而，哪里才能吃到美味的德国菜呢？

首先要说的就是烹饪的首要标准是味美质优，而且还要宜于健康、干净卫生。德国人因其新鲜优质的美食而自豪。最常吃的肉类是猪肉，素菜也有不少。跟大多数民族一样，德国也有传统特色菜：英国有炸鱼和薯条，美国有汉堡包，而德国则有泡菜和香肠。德国香肠五花八门，令人称奇。不过德国美食里还有很多花样，比如鹿肉、野猪肉、鹌鹑和鸭子，以及东部和北部人爱吃的各种各样的海鲜。

德国人不常吃劣质食物或小吃零食，但是也不是一点都不吃。要是嘴馋了，在小吃店（德语作Stehimbiss或Schnellimbiss）就可以买到。在那里，您可以站着吃，或打包带走，他

们出售炸薯条（德语作Fritten或Pommes）、土豆沙拉（德语作Kartoffelsalat）、香肠（德语作Bratwurst），还可能有烤串儿。这些小吃店通常都是连锁经营的，比如北海鱼店（主营鱼肉制品）、维内尔瓦尔德（主营鸡肉制品）和麦当劳。

要品尝地方风味，您可以去德国的标准小旅店（德语作Gasthaus或Gasthof）看看，那里供应各种地方特色菜，北方一般吃鱼，南方吃饺子（德语作Knödel）。

大多数餐馆的菜单都是用英语和德语两种语言写的，要是没有英语，那服务员通常可以用英语进行说明。很多餐馆，尤其是家族式餐馆，每周有一天是不营业的，而且通常是星期一。

## 美　酒

啤酒是德国最最有名的饮品。虽然人们通常认为拉格啤酒是德国经典啤酒，但实际上德国啤酒的种类多如繁星。德国有1500多家酿酒厂。在科隆，您可以尝尝科隆啤酒（德语作Kölsch）；在杜塞尔多夫，您可以试试阿尔特啤酒（德语作Alt）；在南方，您能喝到小麦啤酒（德语作Weizenbier）；在东部有各种皮尔斯啤酒（德语作Pils）。

| 德国啤酒种类 |
| --- |
| **阿尔特啤酒或老啤酒（德语作Alt或Altbier）**<br>比较“老”，上面发酵的啤酒，呈棕红色，类似于英国的麦芽酒。 |
| **黑啤酒（德语作Dunkel）**<br>黑啤酒源自麦芽烘焙过程。其分类包括“黑拉格啤酒”和黑小麦啤酒。 |
| **酵母麦啤（德语作Hefeweizen）、白啤酒（Weissbier或Weisse）**<br>酵母麦啤是一种瓶中调熟的小麦啤酒，“hefe”就是酵母的意思，因此酒内有少量沉淀物悬浮。白啤酒有着典型的“大大泡泡糖”的果香味。 |
| **水晶小麦啤酒（德语作Kristal或Kristallweizen）**<br>滤去沉淀物的小麦啤酒。 |
| **拉格啤酒（德语作Lager）**<br>“Lager”在德语中意思是“窖藏”。采用桶底发酵的酵母菌发酵而成，发酵速度缓慢。最初盛行深色的慕尼黑拉格酒，但如今浅色的比尔森拉格酒占据了市场优势。 |
| **皮尔斯（德语作Pils）或比尔森（德语作Pilsener）**<br>一种经典的淡色拉格啤酒，出现于19世纪的皮尔森市，味道清爽甘冽。 |

（续表）

| 德国啤酒种类 |
| --- |
| **科隆啤酒（德语作Kölsch）**<br>此款啤酒源自科隆（德语作Köln），不属于拉格啤酒，而是一种上面发酵的浅金黄色麦芽酒。其他实用的啤酒术语：hell或helles=浅色啤酒；Roggen=黑麦啤酒；Kloster=修道院啤酒（最初在修道院酿造的啤酒）。 |
| **柏林白啤酒（德语作Berliner Weisse）**<br>采用上面发酵和瓶中调熟的小麦啤酒，既使用传统的加温发酵酵母，又使用乳酸菌发酵。啤酒泡沫溶解迅速，色泽清澈，酒身呈浅金黄色。味道清爽，略带酸头，带有馥郁的柠檬清香，基本没有啤酒花的苦味。柏林人在喝这种啤酒时往往会加上车叶草或覆盆子糖浆以中和其中的酸味。事实上，当您点这种酒的时候，他们就会问您是要“红的还是绿的”，不过，原汁原味的柏林白啤酒还是很值得一试的。柏林人还常常用吸管喝这种酒，这样肯定品不出啤酒的全部味道。若是边吃边喝，那么柏林白啤酒最适合做开胃酒，配起司和沙拉最合适。 |

当然，德国也出产葡萄酒，尤其是上好的白葡萄酒，霍克和摩泽尔就是久负盛名的德国葡萄酒品牌。摩泽尔河谷盛产口感爽脆优雅的雷司令葡萄酒；巴伐利亚北部的弗

兰科尼亚葡萄酒有种十分独特的燧石味道。主要的葡萄酒产地是普拉蒂纳特（德国的莱茵普法尔茨或普法尔茨），就在法国阿尔萨斯北边，这里出产的葡萄酒有着浓郁醇厚的葡萄香味。挑选葡萄酒时，要注意这几个词：süss、lieblich（甜型）和

trocken（干型）。德国葡萄酒有不同的品质分类，有日常喝的佐餐葡萄酒（德语作Tafelwein）、官方检测过的优质葡萄酒（德语作Qualitätswein）或优质高级葡萄酒（德语作Qualitätswein mit Prädikat）。

德国生产的果汁（橘子汁、苹果汁）品质也是超级棒的，但是多数德国人都喝瓶装水，即使在家里也一样。上饮料时，里面通常不加冰，就算放也是一两块而已。您也可以要白开水（德语作ohne Konhlensäure），但有时候可能买不到。

## 餐馆就餐礼仪

德国的餐馆都是在桌子上吃饭，即便是啤酒吧也是这样。无处不在的啤酒杯垫用来计算您已喝啤酒的数量。在德国某些地区，会跟咖啡、茶或酒精饮料一起上一杯水，其作用都是相似的。

有趣的是，德国的餐桌礼仪和英美差不多，但是德国人对餐桌的布置更讲究，而且他们基本不喜欢“手抓食物”。

德国大概一半的酿酒厂都在巴伐利亚，而慕尼黑则是它的啤酒之都。在酿酒厂的啤酒花园

（德语作Biergarten）里可以品尝到当地酿制的啤酒，花园里摆放着木质桌椅，桌子上不铺桌布。另外，根据传统，只要您在此买酒，您就可以坐在高大的栗子树下尽享自带美食。啤酒花园通常建在酒窖上方，绿树成荫，可以保持酒窖内的凉爽，有利于啤酒发酵。到了冬天，人们就到地下啤酒酒窖（德语作Bierkeller）或地上的啤酒屋（德语作Bierhalle）坐在长桌旁喝啤酒。饮酒歌的传统就源于这种公共活动。德国人还爱去小酒吧（德语作Bierstube）喝酒。

“干杯”（cheers）一词来自德语的“Prost”，其发音为“proast”。喝啤酒时，人们会举起他/她的酒杯说“Prost”，然后和您碰杯。而喝葡萄酒时，记住要说“Zum Wohl”。德国人不喝急酒，而且边吃边喝，所以人们通常只是喝到“微醺”，而不是酩酊大醉。当然，德国的酒驾法律相当严格，所以极少有人以身试法。

吃饭前，人们通常会说“Guten Appetit”（字面意思是“祝您好胃口”），您可以回答“Guten Appetit”或“Danke, ebenfalls”（“谢谢，也祝您”）。如果您是位美国人就要注意了，德国人跟英国人一样，吃饭时餐具不离手，而且不会先把食物切碎再用右手拿叉子吃。另外，德国人吃鱼有专门用来切鱼的刀子。吃饺子和蔬菜时，请不要用刀子切，因为这样是在暗示食物没做熟。吃饭时开口讲话是不礼貌的行为，嘴里有口香糖也不能边嚼边说话。

在某些有名的馆子吃饭时，没有预定座位的顾客可能要拼桌。餐馆的桌子和凳子可能很长，您可以跟别人一起坐。这种情况常常发生在啤酒店里。如果您突然听到桌子底下有狗叫，请不要害怕。人们通常都很喜欢餐馆老板养的狗狗。德国吸烟的人要比英美等国家多。

联邦法律禁止在公共场合和公共交通工具上吸烟，但是执行情况存在差异。在75平方米以下且仅有一个公共房间的酒吧里，可能允许吸烟。但是也有例外，比如巴伐利亚州就执行单边禁烟令，而其他各州也纷纷效仿。

## 饭店服务生

去饭店吃饭，为让服务生注意到您，您可以举起一只手，如果需要的话您可以喊一声“服务员”（男服务员的德语是Herr Ober；女服务员的德语是Fräulein）。拿到账单（德语作die Rechnung），要是您想开具收据，您可以说“Quittung”。如果您跟随团体就餐，只要提前跟服务生说好，就可以分开结账。

**小费**

根据法律，服务费已经包含在餐馆账单中，所以在德国，小费只是因为优质服务而赠予的个人答谢礼。多数德国人会先看看账单数额是多少，然后支付与该数额最相近的整钱，找零时只要去掉小费就可以啦。他们管这种额外的小费叫“赏钱”（德语作Trinkgeld）。德国的服务生并不指望靠小费来增加收入，所以在高档餐厅就餐时，要是您想正儿八经地给个小费，就得拿出用餐金额的10%才行。

# 休闲时光

现在的德国，不仅只有皮短裤、少女裙、泡沫四溢的啤酒杯，以及传统民俗乐队，还有各种丰富多彩的室内外活动可供人们参加。

## 获取出游信息

多数德国城市都设有旅游咨询处，他们会积极地向您推荐各种出游信息。

德国的旅馆客栈甚多，从五星级酒店到拖车旅店，全部干净整洁、设施齐备。第七章中将为您做详细介绍。

## 节日与主题公园

我们前面已经讲述了德国的重大节日，但是每个城镇或村庄还有自己独特的年度节日，去看看不同的民俗风情还是非常值得的。德国还有许多主题公园，比如科隆附近的梦幻乐园，以及艾森附近的华纳兄弟电影世界，您可以带着孩子们在公园里待上一天，玩个痛快。

# 高雅文化

德国的博物馆比世界上大多数国家都多。据说凡是人口过万的城镇就有至少两家博物馆，单单柏林一座城市就有100多家博物馆。如此繁多的博物馆显示了德国文化中对智力文化的注重。德国人普遍热爱高雅文化，这是其他国家难以企及的。

这一点尤其体现在德国剧院和戏剧传统中。这要拜其历史所赐，过去德国曾被分为很多独立的公国，每个公国都来争夺最好的宫廷作曲家和乐队。像莫扎特、J·S·巴赫、贝多芬和海顿等说德语的作曲家，无论他们是德国人还是奥地利人，均因德国人对艺术的热爱与追捧而声名大噪，这种资助艺术家的传统一直保留至今，演变成了联邦政府发放的丰厚津贴。因此，德国出现了很多世界顶级乐队，其中最著名的就是柏林爱乐乐团啦。该乐团在战后权威指挥家赫伯特·冯·卡拉扬的

带领下走向辉煌，在他之前是威尔海尔姆·富尔特文格勒和阿尔图罗·托斯卡尼尼。德国另一个最著名的乐团是莱比锡格万豪斯管弦乐团，其前任指挥库尔特·马苏尔曾在美国工作多年。

跟古典歌剧、交响音乐会和芭蕾舞表演一样，德国的摇滚乐、爵士乐和蓝调音乐也是一派欣欣向荣的景象，不亲自来德国体会一番您是不会知道的。

歌剧团和戏剧团享受当地政府发放的丰厚补贴，所以票价非常合理，人人都买得起。观众来自社会各个阶层，但是年轻人可能不太多。出席歌剧和戏剧演出时，既可以穿燕尾服和晚礼服，也可以穿休闲时装。跟欧洲其他国家相比，德国“高雅”文化和大众文化的差别似乎要小很多。这在很大程度上得益于政府对表演艺术的大力支持，以及国家为推进这些艺术形式更加平易近人所做出的努力。不过，这也可能与德国的教育体制有关，德国学校十分注重艺术文化教育。

## 大众文化

大多数人都听说过汉堡的绳索大街，以及圣保利的俱乐部和酒吧。1962年到1964年，披头士乐队在英美等国家的舞台上人气爆棚，其实在这之前的50年代后期，该乐队已在汉堡小有名气。他们可能还未听说过这些酒吧和迪斯科，以及在那些较大城市里流行的德国独有的“高科技”音乐。

在欧洲诸国中，德国人对性行为的公开表达（包括同性恋）持最宽容的态度。柏林就很盛行同性恋，而且著名的“爱的大巡游”就是一场盛大的高科技音乐派对。更让人瞠目结舌的是德国的一些“爱巢旅店”，有些旅店屋顶上有心形霓虹灯，这里是情人幽会、温存缠绵之所。

## 追求田园生活

如前所述，在抵达德国城市后，即使像柏林和美因河畔法兰克福这样的大城市，首先打动游客的就是城市周围广阔的绿地。这些森林不仅能为城市及其居民提供新鲜的空气，地方政府还出租森林木屋给喜欢在田园美景中吃烧烤、办派对的人们。远足漫步和骑行，特别是组队进行的周末活动，在德国广为流行。

# 体育活动

有组织的体育和健身活动在德国有悠久的历史。1797年到1815年对抗拿破仑的战争期间，德国学校教育中开设体育课程，以确保学生入伍前保持身体健康。在20世纪初，德国兴起体操和体育运动（德语作Turn- und Sportsverstände），并很快流行开来。德国很多体育俱乐部与联盟都是那时候开始创办的，美国的体操俱乐部（德语作Turnverein）也是继承了德裔美国人的传统。20世纪20年代，一场名叫“Wandervögel”（字面意思为“候鸟”）的青年运动横扫德国，该运动提倡多亲近大自然，倡导户外运动，尤其是远足和民间文化。不幸的是，20世纪30年代，因为强制加入希特勒青年团，这些积极健康的运动被迫停止了。1936年，莱尼·里芬施塔尔创作的柏林奥林匹克运动会的宣传纪录片是对完美形体的颂歌。二战后，东

德也很注重体育运动，体育工作取得较大成绩。

如今的德国人依然热衷于体育运动。无论是欧洲杯还是世界杯，德国足球队的辉煌战绩有目共睹，德国球星在全世界扬名立万。不过，德国人同样痴迷于网球、手球、篮球、射击、骑马、曲棍球、自行车、一级方程式赛车等运动项目。

德国人竭力支持他们的球队，与此同时，每一位德国人也是积极的体育运动爱好者。他们喜欢参与各种运动项目，网球、足球、曲棍球、骑马、自行车、慢跑和漫步等。

第七章

# 出行、健康与安全

您一路奔驰在高速公路上，速度是70迈，沿途的风景美不胜收。您瞥了一眼后视镜：路上空空如也，一辆车也没有。突然一辆梅赛德斯或宝马从您身边以120迈的速度呼啸而过。那辆车是从哪里冒出来的？这就是您在德国出行的第一课。德国的高速公路路况极佳，所以车速很快，有的路段甚至不限速。有了这样得天独厚的条件，德国产的汽车性能好、时速快，德国司机开起车来更是风驰电掣。只要您别一下子扎到外侧（左侧）车道，并时刻注意观察反光镜，就不会有问题。不过，有必要提醒您，如果您因

为高速行车而发生碰撞事故并且幸免于难的话，即使您不是过错方，您也可能会被吊销驾照。

在德国，汽车是身份的象征，这一点甚至比在美国还要突出，而且您的汽车必须一尘不染、保养充分、状态良好。TÜV（即德国机动车监督协会，德语作Technischer Überwachungsverein）负责检测所有三年以上车辆，他们的检测标准极其严格。

在德国个人驾车是一种享受，而乘坐公共交通工具不仅高效，而且十分方便。在德国，如果火车晚点4分钟，站台上等车的人们就会抱怨说这个国家快要完蛋啦。同样的事情要是发生在英国，人们则会松一口气，庆幸火车总算正点一次。在德国，人们希望公共服务能做到高效运行。因为德国工业的一大特点就是很多中小型企业都建在远郊，距离主城区数英里之遥。这样做之所以行得通，完全得益于德国高效的公共交通运输网络。

德国城市拥有各种公共交通运输系统，比如有轨电车、公交车、火车和地铁等。整个交通网络快捷高效，配合协调。整个交通运输系统的高质量从一方面彰显了德国人的秩序意识。人们经常开玩笑说，您可以根据德国列车的发车和到站时间来调整手表。但是这一现象背后隐藏着德国人的做事原则，即迟到是做事马虎和缺乏尊重的表现。

## 德国人的行车常识

·德国人擅长控制管理。所以执行限速的地方，一定会有雷达监测。

·大城市的交通流量从一大早就开始增大。所以，早上7点路上就会很堵，要做好相应的出行计划。

·学校放假会造成交通混乱，大城市周边会堵得水泄不通。请做好准备！

·如果没有标识另行说明，则右方来车有先行权。

·城镇里，人们常常骑自行车，他们也是道路使用者，与机动车有相同路权。大多数城镇的道路沿线设有自行车道，如果您右转时穿过自行车道，那么自行车有先行权。

·在德国的很多城镇，路面标出的人行横道只起引导作用，法律并未规定必须停车。所以，如果您因为路人通过而停车，后方车辆可能来不及停下来，您要为此做好准备，在停车前注意观察后视镜。

·另一方面，通过路旁小巷或路口时，德国司机通常会礼让过马路的行人。

·很多德国城市里常常见到有轨电车。法律规定，如果电车停下时，您正好在它后面，您就得停车，等所有乘客下车，电车开动后，您才能走。请不要在电车停车时超车。

·在原来的东德地区，即使是红灯时，您也会看到一个右转的绿色箭头，这种情况在西德就不是很常见。这种交通信号灯仅表示，在对向没有车辆时您可以右转。

·车辆上所有驾乘人员必须系安全带。不满12周岁儿童必须系特殊安全带。

·在高速公路上，要是后方有德国汽车向您闪灯，那可不是在跟您打招呼，而是让您赶紧让道儿！

·德国人十分了解他们的交通法规和道路标识（这是大量书面和口头测试的结果）。如果您不仅仅是匆匆过客，而是要在德国待更长时间，您就有必要也了解了解这些知识。

## 违章处理

德国交警执法严格，而且罚起款来不留情面，不论是违停还是交通肇事都会受到重罚。要是您把车了停在自行车道上，或者妨碍其他车辆通行，您的车子可能会被拖走。警方会通知您到哪里领车，罚金是多少。

法律规定，您必须随车携带驾驶证件，并在后备箱里准备一个红白三角警示牌，以便在突发紧急情况时警告后方车辆您的车子出问题走不了了。德国司机还得随车携带急救包，并学习急救课程。根据相关法律，司机应进行必要的急救措施。

即使事故不大，最好也要通知警方。您应该记下对方车辆的注册号、驾驶员姓名和住址，可能的话，还要记下对方保险公司的名称。按照惯例，司机会互换汽车证件以便核对上述信息。当然，有可能的话，留一下目击证人的姓名和住址也是个好主意。

如果您因超速驾驶而被交警查扣，您要么当场支付现金罚款，要么警察会把罚单寄给您。那样，您会收到一张银行汇款单，上面写有您应缴罚款数额，您可以去银行缴纳，也可以通过汇款缴纳。

## 酒后驾驶

德国的限酒令十分严格，执行起来更是毫不留情。交警经常进行随机呼吸酒精测试。最高限额是千分比0.5，即50毫克的酒精指标，相当于每升血液里含酒精0.05%或0.5克。刚刚喝完一瓶啤酒后就能达到这个水平。如果您受邀外出就餐，主人家会十分关注酒驾问题，如果您冒险“喝大”了，他们会非常担心您的驾驶安全。

## 行驶证与驾驶证

行驶证和驾驶证由机动车管理处签发（德语作Kraftfahrzeugsamt，缩写为KFZ-Amt）。如果您有任何汽车牌照或驾驶执照的相关问题，请联系当地办事处。如果您来自美国、加拿大或英国，您的现有驾照或国际驾照可在德国使用最多一年的时间。但是，任何非德语驾照必须附有德语译文。当地的全德汽车俱乐部（德语作Allgemeine Deutscher Automobilclub，缩写为ADAC）可以为您提供这项服务，该俱乐部类似于英美等国家的汽车协会。

半年后，您需要办理德国驾照。请一定在到期前办理。欧盟成员国居民只要把自己国家的驾照换成德国驾照就可以了。美国部分州与德国建立过互惠协议，驾照更换可以享受欧盟成员国一样的待遇。但是，如果您所在的州没有签订类似协议，您就得先去驾校（德语作Fahrschule）参加急救课程。您还要填写一份申请表，准备好居留证、两张护照照片、现用驾照、驾照德语译文、驾校证书、急救课程结业证书。哦，对了，还有视力检查结果。所有这些文件资料都要交至当地警局处理。

## 乱穿马路

美国的行人习惯等红灯，所以他们走在德国的马路上要比英国人感觉更加轻松自在。德国人从不乱穿马路，即使路口没车，他们也会等绿灯亮了再走。要是您没有这么做，其他行人会数落您，甚至当班警察会罚您的款。

在德国，礼让斑马线仅为交通建议而非交通规则。因此，如果您的国家强制机动车在斑马线停车，那么在德国您可能会觉得不适应，过马路前，请一定观察清楚！

# 火　车

德国公共运输网络十分庞大，其铁路系统被称为“德国铁路”（德语作Deutsche Bahn，缩写为DB）。大城市间按小时发送的列车叫作ICE或IC。

有些火车是商务专列（比如交易会专列），车上只设有一等座。通常是上车后检票，而不是在车站检票。但是在有些车站上车前，您要把票插入站台上的打孔机里重新验票。车站用德语公布列车的终点站站名、发车时刻和候车站台，时间采用24小时制，所有信息清清楚楚、一目了然。

如果您要乘坐长途列车，最好事先联系有DB标志的旅行社，让他们为您预留座位。他们的工作人员通常会讲英语。请不要坐在给别人预留的座位上（上面写着“reserviert”，已订座位），除非订座人上车前您能下车。

您也可以上车后从列车售票员那里买票，但是那样

会加收一部分费用。如果您经常乘坐火车，不如办张火车卡（德语作Bahnkarte）25或50（个人和家庭均可购买），不仅可以享受购票折扣，还有快速支付功能。在“绿色”圈子里这种火车卡是必须的。火车卡仅仅是折扣车票的一种形式。其他折扣还有“周末票”（德语作Schönes-Wochenendticket），您可以凭票在部分线路上无限制乘车。此外，还有“夜车票”（德语作Guten Abend），这是一种错峰折扣票。

还有两种车票您应该了解一下，它们必须从德国境外购买。一种是德国火车通票，其限用人数是4人，限用时间为10天，但其行程不受限制。另一种是欧洲铁路通票，凭票可以在欧洲17国无限制乘车。您可以到您所在地的旅行社咨询。值得注意的是，购票还能享受上门取行李服务。您可以向所在地的地方车站咨询此项服务。

## 地方交通运输

### 公交车和有轨电车

德国多数城镇里都有公交车或有轨电车（德语作Strassenbahn），有的地方两种车都有。地方和乡村公交车方便快捷，它们在各个村庄与列车网络之间起着连接作用。大城市里还有地铁网（德语作Untergrundbahn或U-Bahn）。您可以从自动售票机买票。使用说明都是德语，有时很难弄明白，您可以找位路人帮忙。

德国有两套公交系统，一套是由德国铁路运营的，一套是由该市管理的。一般来说，铁路和有轨电车的时刻表都是统筹安排，运行十分协调。

有些公交车司机允许上车后买票，不过您得知道有时候在上车前要从报摊或烟摊买票。公交车或有轨电车上装有用来验票的打孔机，您应自觉买票验票，如果您没有这样做，而且车上又恰巧有检票员，那您将遭到重罚。德国有通宵公交车，但要是没有的话，您应该先问清楚最后一班车的时间。

## 出 租 车

如果是空车，驾驶室上方的大写标志会亮起。您可以在大街上或出租车车站打车，也可以致电出租车总部叫车。车费显示在计价器上，您不用付小费，但如果只找回一两欧元的话，商务人士往往索性“凑个整，不用找了”。如果您携带行李或宠物的话，可能会收取小额附加费用。

## 住　宿

请您松口气。不论您去德国的什么地方，也不论住的地方有多小，旅馆总是干净整洁，服务效率很高，还能洗到热水澡。德国人要求优质高效，整体来说，他们确实做到了。

德国旅馆分为五个等级或星级，每一等级都有规定的设施类型和数量。酒店（德语作Gasthäuser）价格相当昂贵，但是住宿加早餐旅馆（德语作Hotels garnis）或住宿酒吧（德语作Gasthöfe）的价格就要合理得多。民宿（德语作Pensionen）更便宜，但是早餐给的量很小。民宿通常为家庭旅馆，所以既有特色又非常迷人。如果挂有Zimmer Frei

标志就说明有空房间。

德国还有很多青年旅馆，房间都设在私人住宅里，有的甚至是在公寓里，并且带有小厨房。当地的旅游咨询处通常设在主要车站（德语作Bahnhof），他们可以为您提供很大帮助，不仅能给出符合您要求的住宿建议，并且还能帮您预订房间。全国饭店预订代理是“ADZ订房服务处”，地址为美因河畔法兰克福科尼利厄斯大街34号，邮编D-60325（电话：069 74 767）。您还可以选择登陆“travel.michelin.com.”，在“米其林旅行资讯与世界旅行指南”上查询“米其林绿色指南”。现在有一个叫作“爱本卜”（AirBnB）的组织，他们可以让您住在当地人家中，这在出游预算不高的旅行者中间受到越来越多的追捧。您可以登陆https://www.airbnb.com/s/Germany，获取详细信息。

德国人热爱旅行，德国有2000多处官方指定宿营营地，在这些营地您可以搭建帐篷，停靠拖车；此外德国还有欧洲最大的青年旅馆网。这些旅馆的章程和开放时间各不相同，您可以联系德国国家旅游局或德国露营俱乐部（地址：慕尼黑曼德尔大街28号；邮编：D80802；电话：089 380 14 20）或登录网站：www.campingclub.de.。青年旅馆是由德国青年旅馆协会（德语作Deutsches Jugendherbergswerk，缩写为DJH）运营的，所以您必须是国际青年旅馆协会（IYHA）会员才能入住。德国青年旅馆协会公布了德国所有青年旅社名单，并简单介绍了各家旅社的设施情况、实景图片、旅程说明和住宿价格。其网站是：www.djh.de.。

最后再来说说骑摩托车在德国旅行。德国加入了国际摩托车旅馆联盟（电话：097 768 18 00）。这些旅馆专门为骑摩托车旅行的人们提供餐饮服务。其经理和很多员工也都是摩托车爱好者。首次光顾的客人可以收到一份“骑车人护照”，有了它，您住的第十晚可以免单。

## 医疗与安保

德国与英美等国家的医疗和安保条件差不多，所以您不必有太多顾虑。德国的医疗设施是世界上最先进的，这里既有国家医疗（政府出资），又有个人保险制度。启程前，您应当核查一下您的保险单，看看是否是国际通用的。

为方便就诊，您得准备好您的欧洲医疗保险卡或保险证明。您可以按一般程序与当地医生预约就诊，但是也可以去看专家门诊和医院急诊室或急诊科。如果您需要英语语言帮助，那么美国大使馆或英国大使馆可以为您提供主要城市的详细信息。

药剂师具有较高的专业素养，他们可以为您推荐缓解疼痛或其他症状的药物，而且不受太多限制，您还能从他们那里买到各种成药。他们也出售天然或顺势药品。要知道顺势疗法的创始人塞缪尔·哈内曼就是德国人。您可能会看到很多英美等国家的处方药，在德国无需处方就能买到。

有的联邦州有不同的火灾报警电话和急救电话。通常情况下110是报警电话，112是火警和急救电话，不过，您最好还是上网查一下这些应急号码。查询网址为：germany,angloinfo.com/inside/emergency-numbers.。

德国的暴力犯罪比美国和英国部分地区要少。假如您受到犯罪侵害，请立即报警。跟在其他任何地方一样，常识性的预防措施总是很实用的。

**实用的预防措施**

·锁紧车门，被盗车辆交易十分猖獗。

·公共场合中要看紧您的行李。

·不要四处炫耀昂贵的首饰和相机器材等。

·贴身携带一个带拉链包，里面可以放钱、钱包和护照等。

·谨防扒手。参加狂欢节或节庆活动时，不要把手提袋或钱包露在外面。

·多复印几份驾照和护照，并与原件分开存放。

第八章

# 商 务 指 南

德国与日本一样，在其商业活动中特别讲究交际手段和文明礼仪。工作的方式方法跟工作本身同样重要。虽然越来越多的德国人认识到，“生命太短暂”，没有必要拘泥于某些传统的商务礼仪，但是英美等国家的合作伙伴还是会对具体的德国商务惯例视而不见，这会给双方合作带来不利影响。

跟英国一样，德国的商务风格也注重协约、数据，态度相对正式拘谨，而且完全按照时间表执行。这跟美国不太一样，美国的商务风格较为随意，而且更加注重表达。第四章中我们已经讨论过德国人的待客之道，在第九章里，我们将看看德国人的交流之道。

**推动商务合作的特殊文化因素**

- 办公礼仪
- 管理风格
- 领导与决策

· 简报与聆听风格
· 会晤与谈判风格
· 团队合作和分歧处理
· 待客之道
· 交流之道

## 办公礼仪

如前所述，德国人上班时要比英语国家的人严肃得多。人们互以姓氏相称，对彼此的私人生活不感兴趣。另一方面，要是您去德国的办公室里看看，您会发现德国人着装十分随意，相比之下，美国和英国的“星期五便装日”形同虚设。不过，开会或接待访客时，还是要穿得正式些。

德国商务装非常实用，剪裁好、品质高的衣服更受喜爱。关键是颜色、款式和花色要搭配得体。在德国，穿“商务休闲装”可能暗示您对工作随意的态度。所以，如果您拿不准什么衣服合适，那就穿深色西服或素色夹克，系上领带。女士们在初次见面时最好穿得保守些，长裤套装就非常合适。

### 请不要脱下夹克

给男士们提个小建议。要是您在跟德国经理开会，请不要第一个脱掉夹克。德国人的会场是非常正式的场合，脱掉夹克说明工作结束了，可以放松一下了。

如果您在德国人的办公室里四处转转，您就会发现房门多数是“关着的”，而且相当安静。人们关上门是为了保护隐私，或者里面在开会。如果您必须进去打扰一下，您应该先敲敲门，然后等别人让您进去。您可能已经习惯了在办公室里搜寻照片和纪念品之类的东西，从而了解这位同事的个人爱好，以作为闲聊时的话题来拉拢关系。但在多数情况下，德国人不主张在办公室里放置家人照片和私人纪念品，而且他们施行“干净桌面”政策，即工作一天结束后，桌上一张纸都不能留。前文中已经讲过，过去的德国人很可能在一起工作数年，却始终以姓氏相称，或者根本不了解同事的个人生活。

有一件事可能会让国外的主管们十分惊讶，那就是德国同事的受教育程度。一位德国CEO很可能拿到了其所学专业的博士学位，在比较保守的单位，学历文凭还是很受认可的。据估计，德国前百强企业老总中有40%左右达到博士学历。对男士的正式称呼是“博士施密特先生”，对女士则是“博士施密特夫人”。在某些极端情况下，CEO是位双料博士，他们甚至会这样称呼“博士博士施密特先生/夫人”（意思是有两个博士头衔）。

重申一遍，在守旧的公司里，对秘书和工作人员要称呼姓氏，这一点非常重要。应该叫瓦尔特劳德·施密特为“施密特夫人”，而不能像在英美等国家那样叫她“瓦尔特劳德”或“瓦尔”。有些德国主管了解英美人士比较随意的风格，所以他们会叫您的名字，而且也让您叫他们的名字，但是开会讨论时要注意德国姓氏与外国人名字之间的“语言切换”。要是您在工作中说德语，请一定使用“Sie”（您），除非对方说可以用“你”来称呼他/她。

德国的上班族星期一至星期五上班，工作时间是上午8点到下午5点，而且多数人每周工作40小时。为严格遵守这一制度，他们星期五下午会提前下班。办公室很早就会开门，从早上7点左右开始到下午5点多关门。很多公司的总机在下午4点就早早下班了，但是4点以后您可以拨打专线联系。有一点非常重要，德国人特别重视适当的休息和放松时间，而且不主张加班或周末工作。在这方面，工会可能采取强制措施。

德国人年假最短的是4周，高级管理人员还要多，可以长达6周。德国人的年假通常一次性休完。再加上12到16个法定假日（各联邦州规定有所不同），还有病假和父母产假的时间也很长，所以当您见不到德国主管的面而只能在语音信箱里给他们留言时，您就不必大惊小怪啦。主管人员不在时，就会使得决策推迟或问题迟迟得不到解决，因为德国商业领域的职责划分明确，一般不会有授权代理工作的情况。德国商界的假期主要集中在5月至8月。

很多德国办公室都不鼓励加班。要是您未按时完成指定工作，要么是您自己工作没有条理，要么就是工作描述有问题。有些国家的商业文化认为加班工作和“熬通宵赶进度”的人值得敬佩，但是德国人并不认同。

德国人对办公空间的态度也跟英美等国家的人有很大

不同，他们主张个人空间更大，更能保护自己的隐私。因此，千万不要擅自闯入德国人的办公室或个人空间。

预约都是提前定好的，而且要严格履约。约见的最佳时间是上午11点到下午1点，以及下午3点到5点。尽量不要安排在星期五下午，因为大家要提前下班。守时非常重要，见面和离开时要跟所有会见人员握手。还有要互换名片，名片上有对方学术头衔以及相关的商务联络方式。请一定要在您名片上用德语写上您的职务，因为德国人非常看重地位对等。

在建立新的合作关系时，德国公司通常会先做一笔小生意试试看，如果成功，后面就会有更多的生意。最糟糕的是，外国承包商因为合同小就不当回事儿，或者认为不值得做而拒绝对方，就这样失去了与德国公司建立合作关系的机会。

比起良好的关系，德国人更在意您是否恪尽职守。跟德国人合作总是令人愉快，对他们来说，合同的措辞和精美的印刷最重要。合同条款是“板上钉钉”，不容更改。这一点对于英美公司不成问题，但有的国家文化注重关系，凡事灵活处理，对于他们来说德国人的处事方式可能就会带来大麻烦。

## 管理风格

德国公司的管理方式非常直接。作为领导一定要指令清楚，下级执行时更不能马马虎虎，而是必须严格照办。成功管理的关键所在正是这份清楚与严格，而绝不是天马行空、任性妄为。虽然这样做有失灵活，但正是靠这种管理方式，德国才能成功协调复杂的项目和各种信息。您会发现，他们极少扯闲篇，即使有也会很快回到正题。注意请不要太过表现自己，德国人喜欢收敛的肢体语言，而不是肆意大笑，在商务环境中，这被认为是矫揉造作的表现。玩笑话可以放在正经事之前或之后，公务就是公务，英国笑话中的讽刺幽默尤其不合时宜，至少会让人觉得您行为不得体，最糟糕的时候，可能会给人留下莽撞、不可靠的印象。

德国人管理的一大特色就是很少有赏识和表扬，这与美国人截然相反，跟英国人也不太一样。对于德国人来说“优秀即是达标”，完成工作是分内的事，不应受到表扬。表扬一位德国管理人员会让人感觉您趾高气扬、虚情假意。德国的用人单位不像美国和英国公司那样重视员工评价，不会定期考评，而且考评人都是主管，而不是直线管理人员。工作出色的，可以多休息一天，而不是发奖金和其他奖励，这样可以避免增加税务负担。

德国管理人员最关注的是利润和产品或服务质量。正如您所料，截止日期对德国人来说是死杠杠，绝对不容改变，不过，有一种情况是可以延迟交货的，即产品质量出现问题。

然而，优质的产品和服务并非等于“微笑服务”。虽然德国的服务人员和产品经理可能风度翩翩、和蔼可亲，但是，工作效率是一回事，而人格魅力是另一回事，两者往往不能兼得。

## 女性管理者

根据宪法，女性享有同等权利，而且德国不存在性别歧视。宪法保护怀孕职工的权利，并鼓励她们接受职业和教育培训。

虽然女性工作者占到劳动力人口的50%，而且在商务和公共生活中女性都取得了较高的行政等级，但是80%的行政管理岗位仍由男性担任。德国妇女的职业发展中依然存在“玻璃天花板”的障碍，虽然程度略低于美国，但跟英国的情况差不多。

对于在德国公司工作负责行政管理事务的外国女性来说，一定要确保您在公司的地位和职责不受质疑，而且您的团队成员对此十分支持。您的名片上应该清楚写明您的公司职务，而且您应该能够简明扼要地阐述您的专业领域和职责。

就女性着装而言，请一定要记住，德国人对工作着

装持比较保守的态度，但非常看重服装的搭配。所以，请不要穿着太性感或佩戴浮夸的首饰，尤其是在初次见面的时候。随着您对该公司的了解进一步加深，您可以按照自己的意愿改变一下着装风格。

德国的高官们，尤其是老一代人，在遇到女士时，会不自觉地搬出过去的一些礼节：看到女士进门时，他们会站起身来迎接；为女士开门；走在女士左侧或靠近路边的一侧；为女士点烟等（在特殊场合下，一些老一辈德国人还会在见面时行吻手礼）。如果受到如此殷勤的礼遇，您应该优雅地接受，否则，大家都会很难堪。如果您接受不了这种行为，请您一定心平气和、有礼有节地向对方讲明您的立场。

外出就餐时，男士们可能觉得为女士买单义不容辞，但如果职业女性坚持自己付钱，就会轻松摆脱这种困扰。德国社会中“AA制”很常见，而且大家对此也都十分理解。

## 领导与决策

德国公司的上下级关系十分明确。这是因为，德国的工业革命发生时间相对较晚，从19世纪到20世纪早期，当时的社会结构中工人占大多数，而监督工人的管理人员只占很小

一部分。另外，德国仍然有很多中小型家族企业，企业业主/创建者以及其家人对企业有着绝对控制权。

德国公司受两个独立部门控制，一个是监事会（德语作Aufsichtsrat），一个是理事会（德语作Vorstand）。理事会负责日常运营，监事会负责审批主要预算和项目描述。

英美等国家的管理人员往往有商务或会计专业学历，而德国的管理层通常由工程专业人员构成。在德国，技术素养仍然比“软”技能更受重视，MBA等商务课程都是最近才刚刚出现的。不过，如今的德国经理人更可能具有相关专业学历。经理人为其团队设立目标和标准，并且要在其行业领域中成为榜样。

德国管理模式中一大特色就是其层次分明的汇报机制。与讲英语国家的经理人相比，德国的管理人员更习惯“自下而上”地报告工作。在英美等国家开设的跨国公司中，德国经理人经常在找谁汇报工作的问题上遇到困难，这让他们备感困惑。

德国公司的层级划分清晰明确，在汇报工作和请示决定时不能够越级；如果您这么做了，就很可能会跟您的经理结下恩怨，那位您越级请示的主管也会因此而陷入尴尬境地。谈合同时，一定要尊重德方的主要联系人，如果没有通过这位经理人，不要跟其他经理人展开探讨。

德国人喜欢花时间对做出的决策进行反思与探讨，虽然日本人比德国人还爱这么做，但美国人却远不及德国人。因为德国公司的权责划分十分清晰，所以，凡是相关的经理人一定要统统到场，共同研究各方面细节。于是，就造成了决策延误，出现人们常常说的“分析瘫痪”。

这意味着，在德国，快速做出决策是不太可能的。同时还意味着，您必须准确定位负责您这个项目或提案的那位经理的职责和地位，并与之进行精确的交流沟通。这会花费大量时间，而且结果常常让人失望。最后一个问题就是，决策一旦做出就不容更改。万一要是出了问题，想让德国公司采用您的更正意见可就难啦。

## 简报与聆听风格

如果您的简报中事实和说明都非常细致周密，那么一定会得到德国人的积极回应。他们会寻找背景资料和历史，但对华而不实的图片不感兴趣。他们希望自己买到的东西在别处已深受好评，所以一定要尽可能地在您的简报中加上客户推荐与评价。简报做完后，德国人会向报告人提一些比较刁钻的细节性问题，不明就里的外国人可能会因此而惊慌失措，狼狈收场。

重要的是，简报要条理清晰，并且有大量清楚翔实的事实做后盾。即便您只是泛泛而论，德国人也希望您能有证明自己的证据，并在需要的时候拿出来。他们还希望凡是您提出的参考、使用的商业模式和提供的数据都有确切的证据。顺便说一句，打字或拼写错误就像脚上的破鞋子一样，透露出的是懒惰散漫的工作态度，所以请一定要仔细检查您的文件内容。

**问答环节**

有位公司代表做完简报后，德国人向他连连发问，那些细枝末节、刁钻古怪的问题让他有些招架不住。他说他感觉自己的简报已经被他们"撕得粉碎"。而德方领导却说："恰恰相反，如果他们不喜欢您的简报，他们就不会提出这么多问题啦！"

## 会议与谈判风格

德国劳资关系的一个基本特点就是企业劳资委员会（德语作Betriebsrat）。凡对该企业职工产生影响的企业政策，劳资委员会都有权过问。其中包括解雇与聘用政策、工作时数、假期、工资和工作内容说明。另外，他们对企业改组也有过问权。因此，德国人的谈判桌上必须有劳资委员会代表的一席之地，而且在做出重大决定前要与该代表商议。虽然只是"陪衬"，但却不能没有。

法律规定，凡非管理雇员超过5人的企业必须建立劳资委员会。委员会通常是义务岗位，但是对于非管理雇员在300人以上的企业，劳资委员会至少需要1人的全职工作。政府和公共组织也有劳资委员会。

有了劳资委员会，企业就很难随便解雇工人。但在另一方面，它也促进了企业的凝聚力。德国的工作环境往往比其他国家更稳定，而且企业忠诚度也比较高。德国人的确更愿意长时间地从事一份工作，并在此基础上寻求发展，而不是像英美等国家的人那样两三年就换份工作，好拿着简历吹嘘自己多么有活力。

如果员工工作表现不能符合公司要求，到了必须让其离开的程度，想要解雇这名员工并不是轻而易举的事情。想要解雇员工就必须严格遵守解聘程序，其中就包括咨询劳资委员会，委员会可以按照自己意愿向专门的劳资法庭提出上诉，如果该法庭认为解雇理由不成立，就可要求企业恢复被解雇员工的职位，或者对非法解雇处以罚款。因经济低迷而临时解雇员工的，也必须先咨询劳资委员会，并且企业要根据临时解聘导则向员工发放福利待遇。这听起来好像完全向着员工，但是别忘了在雇用前还有长达半年的试用期呢，在此期间公司有权解聘，员工也有权离职。

会谈与谈判都是一个套路，这个多数商务人士都很了解。一般会有一个议程表（必须严格执行，不容半点偏差）、行动要点、续阶计划和时间架构。唯一不同的可能就是人员的变动了。您的德国同事都是各自领域的专家，而且他们也希望您能精通业务。他们不爱说“一会儿回复您”，有问题就要马上解决。与英美人士不同，德国人开会时喜欢讨论专业性问题，对于非专业人士提出的问题，他们不是太愿意回答。

虽然高层主管会出席首次会议，或在开会时过来看看，但是您要知道细节方面的谈判是与相关中层管理者进行的。不过，双方签订的协议还是要经过高管们同意的，而且可能要耐心等候一段时间。

德国人就像日本人，谈判准备工作做得充分而细致。他们会仔细思考双方立场，并预测您可能提出的观点，做好辩驳的准备工作。他们的初始报价一旦提出就不会轻易更改，即使面对压力也会坚持到底。

英美等国家的人谈判时总是采取“高开低收”的议价战术：开始先出个高价，如果对方坚持砍价，他们也随时准备以相当低的价格成交。他们认为这样做天经地义，因为他们在根据“市场接受能力”来定价格。而德国人的初始报价则更加真实，他们的议价空间要小很多。其背后隐藏的原因是德国人对“价格公平”的坚定信念。他们坚守自己的阵营，只对价格做小幅调整。所以，在跟他们议价时，您的预期一定要现实一些。

跟德国对手谈判时的一个最大的好处是，他们在所有磋商过程中都会寻找双方都能接受的基本条件，一旦找到，交易就会敲定下来，而且所有让步都是以这个基本条件为基础的。当德国人说“这是我的底价了”，就是他们找到基本条件的重要讯号，他/她的话通常是认真的。若是您再往下杀价，那就相当于认为德方的谈判代表在说谎，这样会把生意搞砸。

谈判桌上有律师在也会让德国人感觉不舒服。在德国，人们认为口头约定十分可靠，所以谈判时，大多是没有律师出席的，只有在拟定合同时律师才到场。美国人习惯在谈判一开始就带上律师，这可能会惹得德方代表心里不痛快。

## 团队合作与分歧处理

德国的团队合作方式与英美等国家不太相同，尤其是在成员选择、问题解决和决策制定等方面都存在很多差异，虽然这些差异非常微妙，但有时却会因此而产生误会，让双方大动肝火。

首先，德国人在挑选团队成员时是以专业水平和工作资历为基础的。而英美人士虽然也考虑这些，但是更看重个人能力，即便他/她不是专家，也没什么资历，照样会受到重用。这种情况下，要是团队关系没有处理好，矛盾摩擦势必发生。

其次，讨论风格也是摩擦产生的根源之一。如前所述，对于德国人来说，了解问题的本质十分重要，只有这样才能找到解决方法。而英美等国家的人通常是先找到问题所在，然后讨论解决途径。德国人光就问题的本质就要讨论很长时间，这会让说英语的团队成员深感沮丧。但是，不这么做又会让德国成员不满，让他们感觉问题考虑得不够周全。

第三个麻烦频出的是项目规划和任务描述环节。还是那个问题，德国人总爱深入细致地讨论，从而制定清晰明确的计划，所以，他们交流的信息非常具体详细。而美国人和英国人（程度上比美国人略低些）则认为制定计划是完成任务的一部分，他们希望直接着手开始工作。德国人对这种态度不屑一顾，认为这是“牛仔思维”——管他有没有问题，先“开枪”再说。德国人这种从根本上解决问题的方式虽然麻烦，但能让整个团队在目标和方法上达成一致，工作开展速度要相对快得多。

每一位团队成员开始工作时就会出现第四个问题。英美人士喜欢经常开非正式的小组会议，而德国人则喜欢单独行动，自己设定目标，完成已商定好的任务。边干边研究是英美成员的基本原则，而对于德国人来说，提前定好方案，按照团队成员各自的技术水平合理分配工作，这样才能最有效地开展工作。突然之间，说英语的团队成员不再与德国同事沟通联系，而更糟糕的是，企业惯例中相关的书面技术规定、标准、公司规范、项目流程等内容是德国人必须了解并遵守的，而英美等国家来的团队成员甚至都不知道有这些东西，更别说去遵守了。

在团队里，德国人总是把人员等级和企业结构分得清清楚楚。而英美等国家的成员则认为对待这些条条框框应该“特殊时期，特殊处理”。他们把项目策划会议上制定的决策当成参考指南，认为在需要时可以商讨修改。而德国人通常认为这些是板上钉钉，不能再改的。

在团队中工作，除了正儿八经的“大会”外，英美等国家的成员有更多私下结交朋友的机会。他们常常抱怨说，德国同事不喜欢在非工作场合谈论工作上的事。其实，他们是想借着谈工作搞好彼此间的关系，而德国人却误以为他们说的都是废话，明明都已经定好了的事情，根本没必要再问来问去。

但是，我们谈论的仅仅是工作方式的不同，而与是非黑白没有半点关系。值得注意的是，如今这些死板的结构和态度正在快速消失，在很多年轻人居多的中小型国际公司里，您会看到那里的工作氛围比其他地方更加人性化、更加轻松愉快。新一代的德国人更提倡开放式的管理理念，彼此称呼也不那么刻板，在工作中也可以结交朋友，并且一起参加业余活动。在或许过于严厉的美国管理制度下，人们可能对某些问题十分谨慎，而现在年轻的德国人则没有这些顾虑。

现在，需要领导多元文化团队，协调不同国籍的人在一起工作时，德国的管理人员会特别敏感。外国来的团队领导如果在工作开始前就把这些事情考虑在内，并在问题出现时及时解决，那么他/她的领导一定会顺利成功。如果没有考虑这些情况的领导则可能会失败，在企业并购时更是如此。20世纪90年代德国境内有大约2000次并购案是外国买家，其中大多数是英美两国的公司。在中小型企业中，有50%此类的并购案以失败告终。现在是21世纪了，我们是否从中吸取教训了呢？

## 德国的经济优势

德国被视为欧洲最强经济体，其GDP排世界第四（仅次于美国、中国和日本）。德国的工业被视为经济管理的典范。该国的产能高，而工资水平相对较低，这使得它安全度过2008年的经济风暴，没有像多数欧洲国家那样出现太大波澜。然而，有迹象显示，德国跟其他欧洲国家一样也面临着巨大的经济压力。其雄厚的经济实力依然有赖于它的制造业，而且它是中国在欧洲最大出口国。不过，德国认识到有必要发展服务业，因为服务业投入强度小，而收益却十分可观。同样重要的是，德国著名的交通运输基础设施老化现象严重，开始出现不同程度的损毁问题，德国人认为投入资金进行更新换代势在必行。在劳动力市场上，相当宽松的移民政策部分缓解了德国人口老龄化问题。最后说说学徒制度，没有升入大学的毕业生可以通过学徒得到技术工程方面的工作，这样可以解决毕业生失业问题，虽然在欧洲其他国家广受欢迎，但是现在年轻的德国人对这一制度却越来越不感兴趣。德国已经认识到了上述问题，更大的艰难险阻都闯过来了，毫无疑问，在未来的岁月里，德国一定能乘风破浪，勇往直前！

# 居安思危

德国是非常有魅力的商业伙伴，但前提是您要了解德国人的做事方式。谈判时，如果能有一位信得过的同事，比如德国代理或者德方的商业伙伴，在双方之间斡旋，那将会起到无可限量的作用。谈判中难免出现各种利益冲突，有这样一位中间人，就可以化干戈为玉帛，使谈判顺利进行。同样重要的是周密翔实的准备工作，不仅仅是准备简报和谈判内容，还要了解德国的经商之道，正所谓知己知彼，百战不殆。

第九章

# 沟 通 交 流

## 语 言

德国的英语语言教学质量非常高，如果您在路上随便找个德国人问他/她“会不会说英语”，虽然他/她嘴上说“只会一点”（德语作ein Bisschen），但其实他/她说得相当好。也许德国人认为外国人不会努力学习德语，所以，要是您能用德语跟他们打招呼，他们一定会非常热情地回应。在巴伐利亚，问候别人时您可以说“Grüss Gott”或“Guten Morgen”；在北方时，您可以说“Guten Tag”或“Guten Abend”。

不仅德国境内使用德语，奥地利、瑞士的德语地区、意大利北部（提洛尔地区）以及世界各地的德国飞地都说德语。虽然现在德语已不再是世界语言，但在19世纪和20世纪早期，德语是科学教育、学术研究和自由主义价值观等领域的正统语言，当时的德国科学家、思想家和哲学家曾在世界上独领风骚。直到20世纪90年代，德语还是俄罗斯学校教授的第二语言，俄罗斯的菜单和双语文件中也使用德语，直至近些年才被英语取代。

如果您见过古老一些的德语书籍，您会发现这些书籍通常使用哥特式字体，这种字体曾十分普及，但现在几乎不再使用，转而使用标准的罗马字体。

德语是印欧语系的一个分支，起源于公元前2000年左右，是当时向西迁徙的北部亚洲部族语言。与斯堪的纳维亚语、荷兰语和英语都有一定关系。有学者称在北欧古代纪念碑文中发现了德语单词，但是，最早使用德语记录的文件是公元8世纪的一本《圣经》。

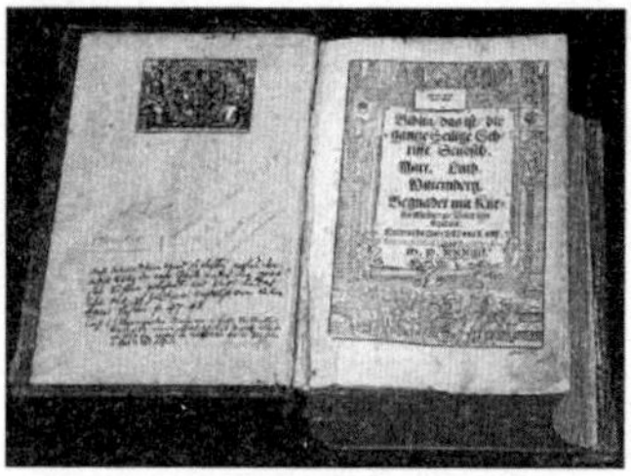

德国在校生学习标准的高地德语（德语作Hochdeutsch），虽然这是德语使用者的教学语言，但是德国仍有很多方言土语。其中最重要的就是北部的弗里斯兰和弗里西亚群岛使用的低地德语（德语作Plattdeutsch），还有瑞士德语区使用的瑞士德语（德语作Switzerdeutsch）。这些方言的区别是重音和词汇，还有细小的语法变化，但是不同方言之间都是互通的。

## 与人接触

要想沟通，您就必须与人接触，这就会受到不同文化的制约，尤其是在商务环境中。正确的做法是先写介绍信，或者至少写封电子邮件，然后再打电话。贸然把电话打过去往往会让对方心里不舒服。不久以前，德国还有个约定俗成的做法，就是在传真或电邮发出后，要随后寄一份硬拷贝过去，不过，现在很多德国人都不再这么做了。但是，问问德国同事是否需要这样的拷贝文件还是很有必要的。在德国找工作，求职信是要打印出来的，而且还要贴上照片。

## 电　话

德国的国家代码是49，不同地区还要加上各自的区号。德国四大主要城市的区号是：

| | |
|---|---|
| 柏林 | （0）30 |
| 汉堡 | （0）40 |
| 法兰克福 | （0）69 |
| 慕尼黑 | （0）89 |

在德国境内要先拨0，再加上区号；从海外往德国打电话，则要先拨49，再拨区号，但不用拨0。从德国往国外打电话则要先拨00，再拨国家代码。

查询德国境内电话，拨打11833；查询境外电话，拨打11834。在线查询可以试试world.192.com或http://www.

dastelefonbuch.de/english.html。您也可以使用电话簿查询住宅电话（德语作Fernsprechbuch），或者在http://www.gelbeseiten.de/yp/quick.yp网站上查询黄页（德语作Gelbe Seiten）。网站上的信息都是德语的，但您可以点击谷歌翻译将其翻译成英语。

德国电话系统的运营商是德国电信（Telekom），该公司控制整个电话网络。跟美国和英国一样，您也可以选择别的运营商，他们的话费可能更便宜，比如Arcor（在您所要拨打的号码前加拨01070）、TelDelfax（01030）、Vitatel（01079）。只要加拨不同号码，您就可以选择不同的服务了。

现在使用手机和个人电脑来彼此交流的人越来越多，公共电话逐渐被人们遗忘。不过，要是您没有手机，您可以到邮局的“国际电话”厅（德语作Auslandsgespräche）打国际长途。用公用电话拨打国际长途时，可以用国际电话卡或信用卡。您可能渐渐发现，互联网设备也很好用。但是从宾馆房间或餐馆拨打电话时可要小心啦，附加收费会非常高，您的话费可能比您的房费还要贵。

德国人接电话时往往只说自己的姓。您也应该先自报家门，标准的德语形式是“Hier Spricht Barry”（字面意思就是“我是巴里”）。晚上打电话怎样才能知道人家睡没睡觉呢？最好的办法就是晚上10点以前打电话，除非您非常清楚对方的睡觉习惯。

# 邮　政

“传统的纸本信件”仍然在德国有着重要地位。全国各地到处都能见到黄色的邮箱，上面画着德国邮政集团的黑色驿车铜号标志。在山区公路上，黄色的货柜车呼啸而过，将信件包裹送达山中的村落。邮局星期一到星期五的营业时间是上午8点到下午6点，星期六的营业时间为上午8点到中午12点。车站机场的邮局营业时间更长一些，甚至星期天也上班。也许您已经猜到了，德国邮政系统高效、安全、可靠，早上9点以前在较大邮局投寄的信件一般可以在第二天派送。通常每天投递一次。您可以在邮局买邮票，也可以在外面的机器上（零钱用邮票代替）或报摊买。

信封和邮包包装在邮局有售。另外，邮局还出售其他商品，并提供其他服务以便提高收入。其中包括与邮局有关的玩具和收藏品，鲜花和礼品派送等礼品服务以及彩票、音乐会门票和戏剧门票。您还可以在邮局缴纳公共设施收费、开设邮政储蓄账户、办理转账业务以及其他各种与银行相关业务。邮局还提供上门取件服务。

如果您想了解更多德国邮政服务信息，请查询网址：www.deutschepost.de.。

## 交流之道

德国人认为清晰明了的语言沟通非常重要，而且说话实事求是，对事不对人，尤其是在工作场合。英美等国家的人说话过去也这样，但是现在他们越来越注重关系面子问题，并且认为德国人的这种交流方式太过严肃、不近人情。虽然如此，现在国际流行文化影响着整个世界，在这种环境下成长起来的德国年轻人与其他国家的年轻人之间存在着更多的共同点。

影响德国人交流方式的另一因素是教育。对于受过良好教育的中产阶级来说，他们大多数人从小就养成了说话清楚明确、实事求是的好习惯，而且他们非常善于分析问题。这意味着他们做事严肃认真，在他们看来事情越严肃就越复杂。整体而言，英美人士说话越来越直白简单，而德国人交流起来就像做学术报告，既严格精确又复杂难懂。因此，德国人常常抱怨英美人士净说大白话，而对方又抱怨德国人说话太复杂，根本就是画蛇添足。

德国人努力做到理智客观，为了这一点甚至不惜给人留下野蛮残忍的印象。在了解实际情况并把每个小细节都搞清楚的过程中，德国人似乎有些吹毛求疵、蛮不讲理。如前所述，如果德国人对您的简报感兴趣，他们就会提出很多尖锐深刻的问题，让您十分紧张。因为德国人注重内容，并努力分析内容的关键要点，所以他们的讨论可能会相当激烈。重申一下，他们并不是发怒；只是因为讨论太热烈，所以语调上发生了一些变化，讨论结束后，语调就会恢复正常。英语国家的人有时会惊得目瞪口呆，以为德国人在向自己发泄怒气。其实并不是这样，请您记住，他们其实只是就事论事，并非针对个人。

这种情况也适用于书面交流，特别是电子邮件。德国人在反对或反驳某个问题时绝不手软，有时口气还很强硬。而让德国人吃惊的是，他们的英美同事总是不紧不慢，十分淡定。

### 坦白直率、不留情面

一位英国经理向一位德国经理建议给瑞士的分公司特殊折扣。而那位德国经理的反应却十分夸张，不仅说他确信这么做不合适，而且还把他们现在的关系分析了一遍，说这不在他的权限范围内，而且也不是他的职责。这些话让英国经理十分惊讶，认为德国人说话粗暴无礼、态度恶劣。于是，两人再次见面时，德国经理遭到了英国人的冷遇。德国人还像平常一样亲切可爱，轻声细语地问这位英国同事为什么今天“不在状态”。而英国或美国的经理总会更加委婉礼貌地告诉德国人“少管闲事”。

## 翻译造成的误解

因此，德国人直率的性格对其语言运用造成了直接影响。英语中常常使用“would”“could”和“perhaps”等词让语气听起来更加委婉，不那么强硬（英国人比美国人用得更多一些）；而德国人正相反，他们会降低语气的委婉程度，把非德语语言也说得十分强硬。即使说英语，他们也会用太多的“当然”“绝对”之词。

另外，在提出要求或指令时，德国人认为没有必要“寒暄客套”，在他们看来，这种社交寒暄简直就是浪费时间。他们会直接走进您的办公室说 “请把那份文件给我”，而不会说 “您好，卡罗尔，一切还好吗？我能不能把那份文件拿走？太感谢啦”。很多在德国公司做行政秘书的外国人要花很长时间才能适应德国人这种直接的命令口气。

英语中往往不太使用“必须”“应该”之类的词汇，因为这些词可能会让对方感觉受到冒犯。而德国人通常并不在乎，他们会把德语中的“müssen”和“sollen”（都是必须的意思）直接翻译成英语，虽然他们是无心的，却给人一种霸道傲慢的感觉。此外，德国人从不回避直接矛盾。他们不会说“是的，但是……”，而是直截了当地反驳说“但……”。而以英语为母语的人在表达不同意见时往往先说“我明白您的意思，但是……”。

所以，请您一定要明白在跟德国人沟通时，有些话在我们听来可能有些粗鲁或轻率，但实际上德国人并没有觉得不妥。不论是口头交流还是书面沟通，如果您感觉德国人有哪些话说得不合适了，请一定先问清楚再发火。如果电子邮件或信件中有让您难堪的话，当您在回信中臭骂对方一通之前，请先打个电话问问他/她是什么意思。请记住德国人觉得把话说清楚比照顾个人感受要重要得多，而英美人士则认为两者都很重要。

## 严肃和幽默

德国人巧思善辩、机智幽默。但是，德国人认为在传达信息时，没有必要讲笑话逗别人开心。正相反，他们认为那样做会给人不稳重的感觉。上学时，老师教导学生要尽可能做到客观、严肃、不徇私情。这对他们成年后产生深刻影响。德国人的态度是公务就是公务，容不得半点马虎。美国人通常讲几个笑话来调动大家的情绪，英国人也会在开会时用风趣幽默的语言缓和尴尬的气氛，但是这些用在德国决策者身上往往适得其反。

当然，还是那句话，团队中年纪不同的人，态度也不一样，不过，请记住大部分人喜欢在开会前后讲讲笑话，幽上一默，但开会时最好保持严肃。

## 分析和细节

德国人解决问题的第一步就是深入分析。英美人则更加务实：先做个假设，然后再想办法解决。显然这两个过程都需要分析，但是德国人从小接受的教育是要求他们分析得更加透彻、更加详尽。学校教育的巨大影响再次显现。德国人有个词来形容深入研究——“vertiefen”。从根本上来说，这种深化精神反应出德国人认为凡事都不简单；所有问题都要不断分析追究直至搞清楚为止。这就包括说话要清楚明白，问题要界定准确，方法要科学严谨。这还意味着，做事要坚持不懈，得不到结果绝不善罢甘休。因此，探索真理的道路势必充满坎坷。

凡事都要分析个明明白白，这不仅仅是德国人的经商之道，还是他们的生活方式。德国朋友之间常会聊些政治、哲学和人生态度以及社会事务等方面的话题。他们希望大家把话说明白。如果有朋友考虑问题不够周全，或者两面三刀，让自己失望，德国人就会直接说出来。他们觉得人与人之间坦诚相待是最重要的，不应该在明知对方做错了的情况下，就因为是朋友而去袒护他/她。

德国人有时会感到失望，因为他们觉得很难跟英美的游客进行真正深入的交谈。他们总是不断变换话题，这让德国人感觉他们非常肤浅，而且说话漫不经心。他们总是客客气气，害怕一不小心冒犯对方。对于客人们来说，德国人似乎都是完美主义者，都是精英主义者；而且用一位讲德语的心理学家兼哲学家的话说，他们绝对是“分析狂”。如果您不是很了解同事的祖国文化，我这里倒有一份治疗文化误读的方子，您不妨试一试。

## 讲 诚 信

还有一个跨文化问题。德国人教育孩子从小要谨言慎行，其原因之一就是他们说话要言而有信，说到做到。德国人言出必行，他们只按照认可规则行事，其他的都不予考虑。德国人十分珍视实事求是与客观公正，所以为了得到一份好工作就夸大自己的资质，或者为了提升自己的形象就鼓吹自己多么成功，这些行为都会让德国人瞧不起。对一个德国人来说，“保留选择余地”未必是体面的选择。在德国，口头约定具有道德约束力，德国人的口头承诺几乎与书面约定具有同等效力。

讲诚信还意味着要信守承诺。在商务沟通中这一点十分重要。外国客商在谈判桌上一定要记清楚哪些事情已达成一致，哪些事情还没敲定。有时英美等国家的谈判代表明明只是在“喃喃自语”而已，却以为已经得到德方代表的承诺，好好一笔生意就这样给搞砸了。德国人对于不可靠或缺乏诚信的事情绝对零容忍。比如，英美人士在社交中常常说“我给您打电话呀”或者“咱们得一起吃个午饭”等等，他们这么说只是为了表示友好，并非当真。而德国人认为这些就是承诺，如果对方说话不算话，德国人就会很生气。

诚信的另一方面就是表达要尽可能清晰明白。办法之一就是说话时要客观公正。德语里甚至专门有一个词来表示“客观性”，即“Sachlichkeit”。要想做到客观性，您可以使用人称代词“人们”（比如，人们可以——德语作man kann），或者使用被动语态，但最重要的是“言而由衷，言出必行”。德国人十分防备那些因为观点受到质疑就当场翻脸的人，而且他们觉得试图别把计划搞砸，或者“保持气氛融洽”都是不靠谱的。美国人为了发掘共同点会把自己的私人信息“和盘托出”，这让德国人感到奇怪，甚至感觉美国人这样做有失身份。

## 谈话方式

说了这么多，您可能会觉得德国人平淡乏味、斤斤计较，为避免您留下这种印象，下面我们就来说一说德国人惬意自在（德语作Gemütlichkeit）的谈话方式。在正确的时间正确的地点（基本是下班后），德国人喜欢边吃饭喝酒边轻松自在地闲聊（德语作Unterhaltung）。跟前文中讨论时的分析相比，这种谈话要轻松得多。一般在家中、啤酒屋或餐馆中，才会听到德国人这样闲聊，话语中充满机智幽默和深厚情谊，“严肃认真的”德国人也有这样的另一面。

## 肢体语言

有社会科学家宣称非语言型的人际交流占比高达80%。他们可能还未研究过德国人，德国人往往比较沉默寡言、内敛含蓄，尽可能地不让人注意到自己。德国人的面部表情也比英美人含蓄，而且他们只对家人和亲密的朋友微笑，但是德国人喜欢美国生活中欢快的一面。身体姿态一般要保持笔直，德国人依然教育孩子坐就要坐直，而且还告诉孩子哪些姿态是“闲散”时才能做的，虽然年轻人对此并不排斥，但也并不是太在意。

在德国有个老段子是这么说的，所有能动的东西，不管它啥时候动，您都得跟它握手。这个笑话的真正意思是，不论见面还是离开，您都要与在座的每一个人握手。

所以，德国人的肢体语言跟英国人有些相似，但是不如美国人那么富有表现力。不论您来德国旅游还是谈生意，都要注意减少自己的肢体动作，不要显得跟周围的人格格不入。话虽这么说，跟所有国家一样，德国也有自己独有的特色。

**德国人常用手势**

· 英美人用交叉手指来祈求幸运，而德国人则是压拇指。如果德国人说“我将为您压拇指”，意思就是“祝您好运”。他可能边说边举起一个拳头，拇指压在里面。

· 跟英国人一样，德国人用食指轻敲一侧头部，表示“你疯啦”。

·在酒吧点啤酒时，如果您举起食指，那您可能要多花钱了。因为德国人是从拇指开始数数的，所以，服务员会给您上两杯啤酒。

·最让人吃惊的是，如果您在会议上做完简报，德国人不是鼓掌表示感谢，而是用指关节咚咚地敲桌子。

·有时小孩子做鬼脸会举起拳头，大拇指从食指和中指之间穿过去。在德国，千万别让他们这么做，这是一个下流的动作。

# 结　语

一位经验丰富的欧洲文化观察家曾经说过：“如果您看到的东西让您惊讶万分、怒火中烧，或者让您觉得荒唐可笑，那您很可能看到了这里独有的文化特征。”他还说，您感觉跟您文化差异最大的人，可能就是跟您最相似的人。对于大多数美国白人、英国人和北欧人来说，德国人确实“跟他们很像”，但是我们也要小心，不要以为他

们“言必行”就一定会“行必果”。如果某人说话做事让您不爽，请先深吸一口气，不要立即做出反应。要是您问问那人为什么那么说或那么做，他的解释十有八九会让您怒气全消。培养良好的文化意识就不能因为不熟悉的态度而大惊小怪。在德国这样一个文化资源丰富、创造力十足，而且又朝气蓬勃的国家里，只要您多看、多听、多体会、多交流，就一定会在这里交到好朋友。

# 附 录

## 简单词汇

**标 志**

Abfahrt

出发

Aukunft

到达

Ausgang

（人行）出口

Ausfahrt

（车辆）出口

Basetzt

忙碌中

Damen/D

女

Drücken

推

**短 语**

Auf Wiedersehen

再见

Bitte或Bitte schön

请（也可用为“不客气”和“我能为您做点什么”）

Danke、Danke sehr、Danke schön、Vielen Dank

谢谢您

Entschuldigen Sie、Verzeihung

对不起、请原谅

Guten Abend

晚上好

Guten Aufenthalt

愿您住得愉快

Eingang

（步行）入口

Einfahrt

（车辆）入口

Frei

空闲

Gefahr

危险

Geschlossen

不营业

Herren/H

男

Kein

禁止（例如Kein Eingang，禁止入内）

Notausgang

紧急出口

Offen

营业中

Polizei

警察

Rauchen verboten

禁止吸烟

Umleitung

Guten Morgen

早上好

Gute Nacht

晚安

Guten Tag

日安（全天都可使用的问候语）

Haben Sie Zimmer frei

您这里有空房间吗

Ich verstehe (das) nicht

我不懂

Ist hier frei

这个位子有人吗

Ja

是的

Nein

不，不是的

Sprechen Sie Englisch

您会说英语吗

Viel Spafi或Viel Vergnügen

祝您玩得愉快

Vorsicht！或Achtung

小心

Wann...

什么时候……

请绕行

Verboten

禁止通行

Toiletten

厕所

Ziehen

拉

Zoll

海关

Wie bitte

对不起，请再说一遍

Wieviel kostet...

……多少钱

Wo ist...

……在哪里

Wo kann ich telefonieren

哪里可以打电话